당신의 권태와 우울증은 당신 탓이 아니다

21세기 소비사회에 대한 인문학적 성찰

소비사회

절망에서 행복하기

Contents

제3장
소비자 혁명

당신은 행복한가?

당신이 최근 구매한 10개 목록을 보여 달라. 그러면 당신이 어떤 사람인지 말해 줄 수 있다. 다른 무엇보다 당신이 구매한 목록은 당신이 어떤 사람인지 증명한다. 이 책을 다 읽고 나서는 당신도 타인의 구매 목록으로, 그를 어느 정도 파악할 수 있을 것이다. 오늘날 우리는 시민으로 존재하기보다는 소비자로 존재하고, 소비자의 삶을 살고, 소비자로서 정체성을 띤다. 녹초가 되도록 열심히 일하는 이유도, 더 좋은 집·자동차·옷·음식 등을 소비하기 위해서다. 우리의 많은 시간도 쇼핑하고, 외식하고, 여행 가고, 영화를 보는 등 소비 활동에 쓰인다. 이 측면에서 현대사회는 '소비사회'로, 현대인은 '소비인간(Homo Consumus)'으로 정의될 수 있다.

우리는 소비사회에서 이전 사회보다 물질적으로 풍족히 소비한다. 소득이 늘어나기도 했지만, 쇼핑몰에서 수많은 상품을 저렴하게 구매할 수 있고, 해외여행을 손쉽게 다닐 수도 있다. (중세에는 해외여행

때 훨씬 많은 비용과 시간이 소요되었다) 지출에서 생필품 구매 비중
은 줄고 있고, 여분의 소득으로 생활을 편리하게 해 줄 전자기기를 구
매하거나 문화생활을 누릴 수도 있다. 하지만 이런 풍족한 생활에서,
당신은 행복한가? 사람에 따라 차이가 있겠지만, 평균적 사람을 기준
으로 볼 때 아닐 것이다. 우리 삶은 더 바빠지고, 하루하루 치열한 경쟁
에 치이고, 가족이나 친구와 즐거운 시간은 줄어들고, 항상 불만족에
빠져든다. 우리 사회의 자살률은 높아졌고, 우리는 스트레스, 만성피
로, 우울증, 불면증 등에 시달린다.

그렇다면 **무엇이 문제일까?** 결국, 우리가 소비인간으로 불행한 건,
우리가 살고 있는 소비사회 속성에서 원인을 찾아야 한다. 원인을 알
면 해결책도 모색할 수 있다. 하지만 오늘날 소비는 우리 삶에 너무나
많이 영향을 미치지만, 섹스나 돈과 마찬가지로 지식인이 논하기를 거
부하는 주제가 되었다. 그들이 입에 담기에는 천박하고 속물적 대상으
로 여겨졌기 때문이다. 그래서 소비사회를 인문학적으로 성찰한 책은
희소하다. 따라서 무엇보다도 심각한 문제는 소비사회에 대한 **'문제
제기 부재'**이다. 소비사회에서 우리를 둘러싸고 움직이는 보이지 않는
영향력과, 그로 인한 우리 고통에 대한 문제 제기 부재이다. 소비자도
소비사회에 갇혀 문제를 제대로 보기가 어렵다. 가령 우리가 잠실 롯
데월드를 방문하면, 그 거대한 규모와 정교한 소비 욕망의 미로에 갇
혀, 무엇이 문제인지 의문을 갖지 않는다. 마치 로마제국 시대의 노예
가 콜로세움을 보면서, 로마제국 권력의 거대함에 눌려 감히 대항할
마음을 갖지 못하는 것과 같다. 소비자는 그 거대함과 화려함 속 일부
로 받아들여져, 소비사회를 향유하기만을 기대한다.

오늘날 인문학적 성찰은 이제 지적 과시나 공허한 관념이 아닌, '현실 문제'로 복귀해야 한다. 인문학은 인간에서 출발하여, 인간 삶 속에서 존재하고, 현재 살고 있는 인간의 번뇌와 아픔에 뿌리내려야 한다. 만약 지금 실존하는 인간의 고통을 덜어 줄 수 없고, 도움이 되지 않는다면, 인문학은 존재 필요성이 없다. 그래서 우리가 실존하는 '현대사회' 문제에 대한 구체적 분석과, 새로운 방향을 위한 인문학적 성찰이 필요하다. 아울러 사람들에게 일상 삶에서 자신의 문제를 해결하는 데 사용할 수 있는 연장을 손에 쥐어 주어야 한다. 이 측면에서 소비사회의 문제 성찰과 해결책 제시가 필요하다. **풍족한 소비사회임에도 왜 우리는 불행한지 밝히고, 건강하고 행복한 삶을 살기 위해서 어떻게 해야 하는지 논의가 필요하다.** 하지만 소비사회가 인류가 처음 경험한 사회이듯, 그 문제도 기존 이론 틀로는 해결할 수 없다. 흘러 지나간 물로는 물레방아를 다시 돌릴 수 없다. 로마제국 시대의 노예에게 가해진 물리적 억압에는 물리적 저항과 혁명이 필요했듯, 소비사회의 욕망적 억압에는 욕망적 저항과 혁명이 필요하다. 그런데 21세기 소비사회에서는 **소비의 '개인가치' 추구로, 시장과 소비자의 변화가 이미 일어나고 있다.** 이 변화는 '소비자 혁명'이라 칭할 만큼, 우리 사회를 근본적으로 변화시킬 가능성이 있다. 이 책의 목적도 이 근본적 변화 과정을 살펴보기 위함이다.

책은 3장으로 구성된다. 제1장에서는 소비사회 문제를 성찰한다. 제2장에서는 소비사회의 시장실패 현상을 논한다. 마지막 제3장에서는 이 문제와 실패로 인해 자연스럽게 발생하는 소비자와 시장의 새로운 변화를 살펴보고, 앞으로 이 변화가 우리 삶과 사회를 어떻게 바꾸어 갈 건지를 통찰하고자 한다. 각 편 끝에는 내용과 연관된 나의 詩 한 편을 넣어 잠시 쉬어 갈 수 있도록 하였다.

그동안 약 5년간의 연구와 3년간의 집필 및 퇴고를 거쳐 책을 내놓게 되었다. 아직 미숙한 부분이 많다고 스스로 느끼기도 하고, 지면 낭비가 되지 않을까 하는 두려움으로 발간을 주저한 적도 적지 않았다. 하지만 몇 분의 독자에게라도 이 책이 도움이 될 수 있다면, 부끄러움을 무릅쓰고 발간한 보람을 찾을 것이다. 아울러 건강하고 행복한 삶에 관한, 나의 평소 생각을 책을 통하여 정리하고 싶었다.

책이 나올 수 있게 많은 조언과 도움을 주신 지인분들과 가족 그리고 특히 부모님에게 특별한 감사를 드린다.

2022. 09. 04.

가평 버싯게 시골집에서

이종희

제1장

소비사회 비극

소비의 왜곡은 인간 실존의 왜곡을 낳는다

자화상

　우리에게 행복은 항상 산 너머 있다. 하나의 산을 힘들게 넘으면, 행복은 저 멀리 다른 산 너머로 물러나 있다. 결코 닿을 수 없다.

　현대 자본주의 사회는 우리에게 부자가 되라고 한다. '부자 되세요!'가 덕담이자 인사말이 되었다. 부자가 되면 행복해질 수 있다고 한다. 하지만 얼마만큼 부자가 되어야만 행복해질 수 있는가? 쇼펜하우어는 부는 마실수록 갈증이 더 심해지는 바닷물과 같다고 했다. 부를 더 쌓을수록 부자는 더 큰 탐욕과 갈증을 느낀다. 종착지가 없는 마라톤과 같다. 게다가 늘어나는 부는 그것을 관리하기 위하여 더 많은 노력과 시간이 필요하고, 더 큰 골칫거리를 만든다. 자본주의 사회는 부자가 되면, 사람들로부터 인정과 존경을 받는다고 한다. 하지만 부자가 얻는 건 시기와 질투이다. 의례적 존경과 친절의 대상은 부자가 아니라, 그들이 가진 돈이다. 부자들도 이를 잘 알기 때문에 부를 상실할까 봐 늘 두려움을 가진다. 게다가 의례적 존경과 친절이라도 받을 수 있는 부자는 우리 사회에서 극소수이다. 대다수 사람에게는 아무리 노력해도 닿을 수 없는 신기루이다. 그 닿을 수 없는 신기루를 좇아가면서, 우리 삶은 점차 탕진된다.

21세기 대다수 일자리도 불안정한 일자리로 변하고 있다. '불안정한 노동자'를 뜻하는 프레카리아트(Precariat)는 Precarious(불안정한)와 Proletariat(프롤레타리아: 노동자)가 합성된 조어다. 21세기에 만들어진 이 단어는 비정규직, 파견직, 일용직, 외국인 노동자, 실업자만 뜻하지 않는다. 고용불안이 내재된 모든 정규직도 포함한다. 자동화, 로봇, 인공지능의 확산으로 어떤 일자리도 안전이 보장되지 않기 때문이다. 최첨단 IT산업 전진기지인 미국 실리콘밸리의 일자리 평균 고용기간은 8개월이라고 한다. 모든 일자리는 언제든지 로봇이나 인공지능으로 대체되어, 실업으로 이어질 수 있는 '잠재적 잉여 일자리'가 된다. 게다가 빠르게 변화하는 속도 경쟁 사회에서 한 번이라도 탈락하면, 영원히 '잉여 인간'이 되거나, 존재 자체가 잊히는 '잉여 존재'가 될수도 있다. 가라앉지 않으려면 끊임없이 헤엄쳐야 하는 무자비한 벼랑끝의 삶이 되었다. 그래서 법정 노동시간은 감소 추세이고, 시간을 절약해 주는 각종 기기에 둘러싸여 있음에도 불구하고, 우리는 항상 시간에 쫓기면서 바쁘게 살아야 한다. 경쟁에서 살아남기 위해선 24시간이나 자신을 혁신하고 경쟁력을 높여야 하기 때문이다. 일하는 곳을 벗어나도 쉴 수 없다. 스마트폰, 문자, 카톡, 이메일 등으로 우리는 사무실 밖에서도 항상 대기 상태로 놓인다. 재택근무 방식으로 집도 사무공간(Work stations)이 된다. 여가 시간은 나를 혁신하는 시간이라고 간주된다. 자유 시간이 아니고, 일종의 보조적 일을 하는 시간이다. 자신의 경쟁력을 높이기 위하여 학원에 다니고, 피트니스센터에 등록하고, 도움이 되는 사람을 만나러 다닌다. 주말에도 일하며 출세 기회를 반드시 움켜쥐는 사람만이 자리를 보장받는 시대가 되었다.

경쟁심리는 현대 자본주의 사회와 사람을 항상 바쁘게 움직이는 원동력이다. 미셸 푸코는 《생명관리정치의 탄생》에서 신자유주의 핵심은, 경쟁이라는 작동원리를 온 사회와 개인 삶에 이식하는 것이라고 주장한다. 경쟁심리는 사람들에게 뒤처짐에 대한 불안과 타인에게 인정받고 싶은 강박관념을 낳는다. 부자는 H.L. 멘켈의 위트 있는 말대로, 자기 동서보다 한 해에 100달러를 더 버는 남자라고 정의된다. (부자의 절대치 부 기준은 없다) 중요한 건 타인과 경쟁에서 승리이고, 성공의 월계관뿐이다. 이처럼 누구나 힘겨운 성공 압박 시대를 살고 있다. 모두가 끝없이 자신의 능력을 입증해야 하는 극단적인 '만인에 대한 만인의 경쟁 사회'가 되었다. (단순히 주변 동료와 경쟁뿐만 아니라, 보이지 않는 전 세계 수많은 사람과 경쟁해야 한다) 죽도록 경쟁에 매달려야만 생존할 수 있는 시대가 되었다. 왜 그렇게 해야 하는지 아무런 의문 없이, 오로지 목표에 집중해야 하고, 일체의 일탈과 여유는 허용되지 않는다. 예로 한국 고등학생은 자신이 목표하는 대학에 입학하기 위해서, 자신의 모든 시간과 열정을 입시 준비에 바쳐야 하고, 일체의 다른 활동은 권장되지 않는다. 르네 지라르는 현대사회에서는 서로가 경쟁을 모방하는 (남들이 달리니까 나도 달리는) 경쟁 자체가 목적이 되는 삶이 나타난다고 말한다. 이 사회에서는 타인은 항상 버거운 경쟁자이자, 나를 언제든지 나락으로 추락시킬 수 있는 두려운 존재로 느껴진다. 사르트르 말대로 타인과 세상은 나에게 생존 지옥이 된다.

또는 토머스 홉스 표현과 같이 '인간은 인간에게 늑대가 된다'. 마치 권투선수처럼 링에서 상대방을 치지 않으면, 자신이 맞는 상황이 만들어진다. 극단적 경쟁 사회는 극단적 피로를 낳는다. 24시간 경쟁을 하기 때문에 몸과 마음은 항상 지쳐 있고, 피로가 누적되는 극단적 '피로 사회'가 된다. 현대사회의 피로는 쉬어도 해소되지 않는, 몸과 마음에 깊숙이 내면화된 피로가 된다. 극심한 스트레스와 피로가 감당하기 어려운 수준이 되면, 우리 몸과 마음에 장애가 발생한다. 만성피로, 신경과민, 우울증, 무력감, 소진증후군, 분노조절장애, 강박장애, 대인공포, 권태감, 공황장애, 불면증, 자살충동, 약자와 소수자에 대한 혐오, 타인을 향한 이유 없는 공격 등이 발생한다. (이 책을 읽는 당신도 이런 증상이 하나둘 정도는 있지 않은가?) 이는 현대사회 성공신화의 비극으로, 고삐 풀린 무한경쟁이 낳은 병폐는 너무나 가혹하다.

따라서 자본주의는 경쟁심리라는 채찍만으로는 사람들을 항상 움직일 수 없다. 스트레스가 극심한 무한경쟁의 반대급부로 물질적으로 풍족한 삶을 약속한다. 즉, 당근을 제시한다. 경쟁에서 이기거나 탈락하지 않는다면, 달콤한 물질적 소비의 즐거움을 제공하겠다고 약속한다. '열심히 일한 당신, 떠나라!'라는 광고 카피처럼, 스트레스가 극심한 경쟁을 통해 번 돈으로, 소비사회로 떠나 자신을 위로하고 즐기라고 한다. 소비사회에서는 돈만 있으면, 당신 욕망은 즉시 충족될 수 있다고 유혹한다. 풍족한 소비가 당신을 자유롭게 한다고 속삭인다. 경쟁에서 이겨 번 돈만 있으면, 소비사회에서는 당신이 원하는 무엇이든 충족될 수 있다고 믿게 만든다. 실제 우리가 치열한 경쟁을 버티는 이유도 희망·꿈이라고 명명되는 이런 환상을 가지고 있기 때문이다. 하지만 우리 모두 열심히 일하지만, 이 환상을 물질적으로 실제 맘껏 실현할 수 있는 사람은 극소수이다. 게다가 우리는 소비에서도 치열한 경쟁에 시달린다. 현대사회에서 경쟁이 치열할수록 우위의 욕망이 커지며, 이는 소비에서 우위, 즉 과소비와 과시소비 경쟁으로 연결되기 때문이다. 따라서 장 보르디야르를 비롯한 많은 철학자가 주장하듯, 소비사회에서 우리가 구매하여 소비하는 대상은 상품 그 자체가 아닌 사회적 기호가 된다. 과시소비 경쟁에서 승리이고 남보다 우월하다는 기호(상징)를 구매하고 소비하게 된다. (자세한 내용은 〈과시의 역설〉 편 참조)

개인 측면에서도 우리는 소비하기 위하여 일한다. 남보다 더 풍족히 소비하기 위하여, 더 많은 돈을 벌고자 한다. 더 많은 소비가 더 많은 행복을 가져다준다고 믿는다. 더 많은 소비로 나의 부와 능력을 보여주면, 사람들에게 존경과 인정을 받는다고 믿고 있다. 하지만 이 소비 환상은 부자 환상과 마찬가지로 실현될 수 없다. 더 비싼 차와 옷은 타인의 시기와 혐오만 그리고 결국 갈등만 유발한다. 치열한 소비 경쟁을 하는 타인도 지고 싶지 않기 때문이다. 남들보다 더 우위에 있다는 단순한 우월감도 행복과 만족을 가져다주지 않는다. 그 우월감은 자신보다 더 비싼 차와 집을 구매하는 부자들 때문에, 곧 상대적 열등감으로 바뀌고, 더 큰 탐욕과 갈증을 만들어 낼 뿐이다.

과시소비의 만족감은 대개 일시적이다. 그 만족감은 구매 순간에만 유지되고, 곧 연기처럼 사라진다. 상품을 구매하는 게 아닌 사회적 기호를 구매하기 때문이다. 더욱이 홍수처럼 쏟아져 나오는 신상품은 우리를 소비에 중독시킨다. 소비중독은 다른 중독과 마찬가지로, 더 강한 욕망으로 이끌리게 되고, 우리를 허구의 기호에 더 매달리게 만든다. 새로운 상품이 끝없이 쏟아져 나오는 만큼, 새로운 소비 욕구가 끊임없이 만들어지기 때문이다. 예로 자동차가 새로이 등장하면서, 자동차에 대한 소비 욕구가 새롭게 발생하였다. 소비자는 끝없이 쏟아져 나오는 새로운 상품의 소비 욕구를 충족하기 위하여, 돈을 벌기 위한 무한경쟁에 더 매달린다. 끝없는 소비와 부를 향한 경쟁이 악순환되면서, 우리 일상은 시시포스의 괴로운 노동이자 형벌이 된다.

지그문트 바우만은 현대사회의 가장 큰 특징은 소비주의라고 말한다. 자본 축적이 넘치고 생산능력이 과다해지면, 자본과 기업의 생존은 소비자를 얼마큼 소비하게 만드는가에 달려 있다. 그래서 자본과 기업은 소비자를 끝없는 소비 경쟁에 매달리게 만든다. 벤야민이 20세기 초에 새로운 소비사회를 설명하기 위하여 분석한 아케이드가, 이제는 사회 전반적 소비시스템으로 발전하였다. 모든 게 소비시스템이라는 블랙홀로 빠져들어 간다. 모든 것을 시장에서 구매할 수 있고, 또한 모든 것을 시장을 통해서만 얻을 수 있는 소비사회가 만들어졌다. 상품뿐만 아니라 신선한 공기와 물, 타인과 교류, 쾌락, 즐거움, 섹스 등 많은 대상이 그러하다. 이 과정에서 물신숭배가 소비사회 이데올로기가 된다. 시장은 속성상 물신숭배에 기초하기 때문이다. 모든 대상은 그것이 지닌 정신적 가치가 아닌 시장가격으로 평가된다. 인간의 존재 가치도 그 사람이 벌어들이는 돈의 액수로 결정된다. 하지만 끝없는 부와 소비 경쟁 때문에, 우리는 일상에서 진정한 행복을 주는 많은 것을 잃어버렸다. 자연 속에서 유유자적하는 즐거움, 타인과 친밀한 교류, 나의 고민을 들어주는 친구, 계획 없이 떠나는 낭만적 여행, 진정한 나를 대면할 수 있는 고요한 시간 등을 우린 모두 잃어버렸다.

현대 자본주의라는 열차를 굴러가게 하는 양 바퀴는 경쟁주의와 소비주의이다. 하지만 그 양 바퀴는 우리를 위하여 굴러가지 않는다. 자본주의라는 시스템이 앞으로 나아갈 수 있도록, 그 양 바퀴로 신기루 같은 부자 환상과 소비 환상을 만들어, 우리가 힘들게 그 열차를 밀고 가게 한다. 우리는 부와 과시소비 경쟁으로 행복을 얻거나 타인의 인정을 받을 수 없다. 우리는 집에 쌓아 두기만 하고 사용하지도 않는 제품을 구매할 돈을 벌기 위하여 죽도록 일한다. 냉장고에는 음식이 차고 넘쳐 (우리 삶처럼) 이내 쓰레기로 버려진다. 경쟁주의와 소비주의는 타인과 상대성에 기반을 둔다는 근본적 문제도 있다. 피케티가 《21세기 자본》에서 논증하였듯, 자본주의가 고도화될수록 상대적 불평등과 불만족도 심화되어, 우리는 행복한 삶에서 더 멀어진다.

소비사회에서 가장 광범위한 (정도 차이는 있지만) 거의 모든 사람이 고통받는 질병이 만성피로와 우울증이 되었다. 한국의 마크로밀 엠브레인 2019년 설문조사에 따르면, 한국인 76%가 내 삶이 불행하다고 생각한 경험이 있다고 답했다. 74%가 '우울증'을 현대인이라면 누구나 겪는 증상으로 인식한다고 답했다. 의료 사회학자 요하네스 지그리스트 말대로 우리는 현재 심각한 '만족의 위기'에 빠져 있다. 미국의 행복지수 설문조사에서 설문 대상자에게 겉으로는 웃고 있지만, 개인적으로 불행하지 않으냐고 질문한 적이 있었다. 하지만 질문을 이어 갈 수 없었다. 질문을 던지자 많은 사람이 갑자기 큰 소리로 울기 시작했기 때문이다. (당신은 어떤가?) 세계는 지금처럼 풍족한 적도 없었지만, 지금처럼 가난한 적도 없었다. 행복 척도로 보면 우리는 과거 어느 시

기보다 더 가난해졌다. 행복은 소비사회에서 가장 희소하고 부족한 가
치가 되었다.

지금 나는 / 달리고 싶을 때 달리는 게 아니다 / 남들이 달리니
까 달려가고 있다 / 빨리 달려 행복해서가 아니라 / 오직 뒤처
지지 않기 위해 빨리 달린다 / 빨리 달려 얻을 것은 삶이 아닌
죽음인데 / 죽음의 냄새가 나는 '살아남기'일 뿐인데

　　　　　　　　　　　　　 - 박노해 詩 〈달려라 죽음〉 중에서

나의 거울

넌, 오늘도 나에게
행복한 미소를 짓지만
난 알고 있지

너의 웃음에
슬픔 고여 있음을
너의 눈빛에
체념 녹아 있음을
너의 무표정에
분노 숨어 있음을

너의 술잔에
오욕 담겨 있음을
너의 안락함에
비겁 버티고 있음을
너의 몸짓에
숨길 수 없는
외로움 묻어 있음을

소비사회

넌 알고 있지
심장 반쯤 녹아내린
너는 나란 걸

- 이종희 시집《슬픔의 사계》에서

모욕이라는 징벌

　자본주의가 시작되기 전에는 대다수 사람은 물질적으로 가난하게 살았다. 그들은 농업에 종사했고, 지역공동체에 평생 소속되어 살았다. 지배계급 착취도 있었지만, 농사가 잘된 해에는 그나마 풍족하게 지냈고, 흉년이 들면 어려운 시기를 같이 견디었다. 그들은 어려움은 서로 돕고 기쁨은 같이 나누는 공동체에 의지하고 살았다. 그때에는 가난이 물질적으로 살기 어려운 삶의 구속이었지만, 수치나 부끄럼으로 여겨지지는 않았다. 오히려 동양 지배계급에서는 자연 속에서 농사 짓고 사는 가난한 생활을 안빈낙도(安貧樂道)의 도덕적이고 가치 있는 삶으로 여기는 풍조도 적지 않았다. 중세 유럽 기독교 사회에서도 지그문트 바우만이 주장하듯, 가난한 사람도 같은 신의 자식으로 여겨졌다. 부자들이 그들에게 자선을 베풂으로 원죄를 참회하고 구원받을 수 있는 '신성한 존재'로 간주하였다. 하지만 현대 소비사회에서는 가난은 부끄럼이자 수치로 여겨진다. 가난한 사람은 게으르고, 더럽고, 범죄를 쉽게 저지르는 무능력자로 여겨진다. 정부 보조금이라도 받으면 세금을 축내는 세금 도둑으로 멸시를 받는다. 게다가 정부 보조금을 받기 위해서는 가난한 자는 스스로 가난을 증명해야 하고, 국가 문서로 공인된 가난한 사람이라는 낙인을 받아들여야 한다. 이는 일종의 카인의 낙인으로 실패자, 부적응자, 잉여 존재라는 인간성과 자존감을 무너뜨리는 징표가 된다. 이처럼 소비사회에서 가난한 자는 '모욕이라는 사회적 징벌'을 받는다. 하지만 우리 조부모 세대만 해도 대부분은 시골에서 가난하게 농사짓고 살았지만, 오늘날 가난한 자에게 가해지는 사회적 편견과 모욕을 겪지 않았다.

우리 대부분도 '상대적 가난'으로 모욕이라는 사회적 징벌을 받는다. 비행기를 이용할 때도 이코노미석을 이용하는 사람은 일등석을 이용하는 사람보다 늦게 탑승해야 하고, 도착하여서도 그들이 내릴 때까지 기다려야 한다. 승무원 시선과 태도에서도 보이지 않는 차별을 느낄 수 있다. 심지어 백만장자도 억만장자와 비교된 상대적 가난으로 모욕이라는 징벌을 받는다. 강남의 고가 아파트를 보유한 부자도 강남에 빌딩을 보유한 부자와 자신을 비교하며 가난하다고 느낀다. J.K. 갤브레이스는《부유한 사회》에서 다음과 같이 지적한다. "사람들은 자신의 소득이 생존에는 모자라지 않는다 해도, 공동체 평균 소득보다 현저하게 뒤처지면 언제나 가난에 시달린다. 그럴 경우 그들은 공동체가 품위를 유지하기 위한 최소한이라고 간주하는 것을 가질 수 없고, 품위가 없다는 공동체 심판에서 벗어날 수가 없다." 자신이 소속된 (또는 소속되고 싶은) 사회적 그룹에서 상대적 가난으로, 누구나 (부자들도) 모욕이라는 사회적 징벌을 받는다.

그런데 가난이라는 모욕은 타인의 시선과 태도에도 드러나지만, 결국 나 스스로 느끼는 감정이다. 모욕감은 나의 인격적 가치를 무시당했다는 나 자신의 자괴감에서 우러나오기 때문이다. 타인의 차별적 시선과 태도에도 나 스스로 모욕이라고 느끼지 않으면 징벌이 될 수 없다. 하지만 우리는 가난이라는 모욕감을 스스로 느끼도록 사회적으로 길들여진다. 푸코는 중세는 물리적 체벌의 훈육사회임에 반해, 자본주의 사회는 정신적 통제사회로 바뀌었다고 말한다. 자본주의는 생산도 소비도 체벌을 가하여 강제로 시키기보다는, 스스로 알아서 하는 노동자와 소비자가 자본주의 유지와 성장에 더 효율적이라는 것을 잘 알고 있다. 그래서 자본주의는 우선 모든 인간은 시장에서 자유로운 존재라고 전제한다. 인간은 자유롭지 않다면, '자발적'으로 생산과 소비를 할 수 없기 때문이다. 이 전제하에 자본주의는 모든 개인을 자신의 노력으로 모든 것을 이룰 수 있다는 '성과주체'로 만들어 낸다. 개인은 자유로운 주체이기 때문에, 부자가 되거나 가난한 자가 되거나 모두 개인 노력에 따른 결과이고, 그 결과도 오로지 그 자신이 책임져야 한다는 것이다. 이는 일종의 '강요된 자유'로 사회적 삶의 모든 책임을 개인에게 전부 지우는 것이고, 자유경쟁 시장원칙을 개인 삶에 적용한 것이다. 자유경쟁 시장에서 모든 주체는 자유롭고 이기적 선택이 가능하고, 자유로운 선택 결과에 대한 책임은 각 주체가 져야 한다는 것, 그런 결과가 각 주체와 사회에 최상의 이익을 가져온다는 관념이다. 하지만 이것만으로는 개인을 자본이 원하는 방향으로 움직일 수 없다. 자유로운 인간은 자본주의 의도와 다르게, 생산도 소비도 거부할 수 있기 때문이다.

자본주의는 자유로운 인간이 자본이 원하는 방향으로 움직이도록 소비주의를 활용한다. 소비의 달콤함이라는 환상을 사회·문화적으로 개인에게 끊임없이 주입한다. 광고, 드라마, 소셜 미디어, 홈쇼핑 등을 보면 이런 환상이 얼마나 집요하고 끊임없이 우리에게 주입되는지 알 수 있다. 이어 소비의 달콤함을 맛볼 수 있는 부를 획득하기 위한 경쟁에 끝없이 매달리게 한다. 더불어 가난에 대한 관념을 부정적으로 왜곡하여, 경쟁에 매달리지 않거나 탈락하여 가난해진 자를 사회·문화적으로 처벌한다. 가난한 자가 가난해진 건, 자유로운 성과주체로서 스스로 게으르고 타락하였기 때문이라는 관념을 내재화시킨다. 부의 불평등한 상속, 공평하지 않은 교육환경, 불공정한 제도, 선천적 요인, 부정부패 등 사회 구조적 요인이 개인의 가난에 더 큰 영향력을 미치지만, 이런 측면은 무시되거나 은폐된다. 더 나아가 경쟁에 실패하여 소비할 여력이 없는 가난한 자는, 사회에 도움이 되지 않고 존중받을 가치가 없다는 사회적 분위기를 만든다. 이를 통하여 가난한 자는 멸시와 모욕을 받아야 할 사회적 존재로 '만들어진다'. 아울러 성과주체로서 자립 의지를 키워 주는 방식 (예로 직업교육, 취업 지원 등) 외에, 그들을 도와주는 건 무익하고 귀중한 사회자원의 낭비라고 믿게 만든다. 심지어 자립 의지를 해친다고, 거리에서 구걸하는 사람에게 푼돈을 나누어 주는 행위도 주저하게 만든다. 따라서 사회복지 혜택을 받는 가난한 자는 돈이 아니라, 자신의 자립능력을 키우는 교육 수료, 일자리를 찾는 시간과 노력으로 사회 빚을 상환해야 한다. 그렇지 않다면 그들은 부도덕하고 사회 불필요한 채무자로 간주된다. 신자유주의를 지지하는 주류경제학에서는 이 논거로 개인의 자립능력을 도와주는 최소한의 사회복지 외에는, 어떠한 사회복지 필요성도 대체로 인정하지 않는다.

자본주의의 당근과 채찍으로 개인은 끝없이 더 많은 부를 쌓기 위한 경쟁에 매달릴 수밖에 없다. 경쟁에서 실패는 단순히 부가 없는 물리적 가난(소비할 능력이 없어 소비의 달콤함을 누릴 수 없음)만을 뜻하지 않고, 철저히 멸시와 모욕을 받아야 할 사회적 존재가 되기 때문이다. 사회·문화적으로 만들어진 성과주체라는 관념으로, 경쟁에 실패한 사람은 사회에 의문을 제기하기보다는, 자기 자신에게 실패 책임을 돌리고 수치감을 느낄 수밖에 없다. 가난이 왜 수치스러운 것인지 의문을 제기하기보다는, 스스로 그 관념을 받아들인다. 이런 자기 공격성으로 현대사회의 가난한 자는 혁명가가 아니라 우울증 환자가 된다. 하지만 그 수치감은 자본주의 시스템이 만든 관념이고 결과물이다. 개인은 자유롭다고 느끼지만, 개인 내면의 욕구와 두려움을 이용하여, 자본주의는 성과주체로서 개인을 공장 상품처럼 찍어 낸다. 이렇게 만들어진 성과주체는 스스로 만든 '자유로운 강제'에 예속된다. 더 많은 자유는 더 많은 강제와 착취를 의미하게 된다. 한병철 교수는 《타자의 추방》에서 다음과 같이 말한다. "우리는 우리 자신을 실현한다는 망상에 빠져 자발적으로 스스로를 착취한다. 자유의 억압이 아니라 자유의 착취가 생산성과 효율성을 극대화한다. 이것이 신자유주의의 비열한 기본 논리이다." 자기 착취는 '스스로 알아서 하는' 자발성에 기반하기 때문에, 타자 착취보다 더 효율적이고 철저해진다. 성과주체는 스스로 자신의 자유를 착취한다는 점에서, 자본주의 사회의 '절대적 노예'이자 '자기 주도적(Pro-active) 노예'이다. 마치 구원을 받을 수 있다고 현혹

되어, 또는 지옥에 떨어질 수 있다는 협박으로, 사이비 교주를 위하여 자신의 모든 것을 스스로 바치는 열성 신도와 유사해진다.

성과주체의 실패와 성공 기준은 단일하고 분명하다. 경쟁에서의 승리이다. 시험이나 취업 경쟁에서 승리이고, 부와 명성 취득 경쟁에서 승리이다. 더불어 과시소비 경쟁에서 승리이다. 이것이 모든 사람이 추구해야 할 소비사회의 '역할 모델'(롤모델)이 되었다. 반면 경쟁에서 살아남지 못한 자는 패배자이고, 낙오자이고, 가난한 자이다. 성과주체의 모든 성공은 물질적 성공으로 이어져야 한다. 시험 및 취업과 사회적 명성을 얻기 위한 경쟁에서 승리도 부의 획득으로 이어져야 의미가 있다. 이 성과와 성공의 기준은 계산적이고, 수치적이고, 선형적이고, 표준적이고, 획일적인 피라미드 방식을 취한다. 그 외 정신적 가치, 예를 들어 다양성, 개성, 의미, 공감, 인간미, 진정성, 신뢰, 존중, 자신의 가치, 타자의 가치 등은 무시된다. 이 사회에서 물질적 부를 성취하지 못한 개인은 정체성, 자존감, 안정감을 잃어버린다.

물질적 성과를 얻지 못해 적절한 소비를 할 수 없는 가난한 자는 수치 의식에 내몰린다. 아이들에게는 유명 브랜드 신발이 없는 것도 부끄럽지만, 가난 표시가 직접적으로 드러나는 구멍 난 신발을 신고 학교에 가는 경험은 죽기보다 더 수치스럽다. 어른들도 값싼 중고품을 구매한 이후, 타인에게 중고품이라고 말하기 꺼린다. 가난한 자는 그가 속한 그룹의 품위 유지라는 여론재판에서도 단죄를 받는다. 품위 유지는 소속된 그룹의 평균 소비만큼은 소비해야, 사회적 품위가 유지된다는 관념이다. 강남의 고가 아파트촌에 거주하면서 값싼 소형차를 소유하는 건, 해당 아파트촌에서는 품위 유지가 되지 않는다고 여겨진다. 사회 품위 유지 기준은 소비사회가 고도화될수록 더욱 높아진다. 가령 한국에서 자동차를 소유하지 않는 건 30~40년 전에는 가난으로 여겨지지 않았으나, 지금은 가난(품위 유지가 되지 않음)의 표식으로 작동한다. 이전에는 사치품으로 간주되는 많은 물품이, 갈수록 품위 유지를 위한 또는 정상적 생활을 위한 필수품이 된다. 사회 품위 유지 기준에 대한 여론 법정 판결은 끊임없이 더 많이 소비시키려는 소비사회의 사회·문화적 영향력을 받기 때문이다. 반면 가난하여 품위를 유지할 만큼 소비할 수 없는 이들에게는 멸시와 모욕이 가해진다. 더욱이 이 멸시와 모욕은 온전히 개인 책임으로 돌아간다. 자유로운 성과 주체로서 노력이 부족하거나 무능력하여 가난해진 것이고 소비할 수 없다고 믿게 되어, 가난한 자는 스스로 부끄러움과 수치감을 느낀다. 그들은 모욕이라는 사회적 징벌을 아무런 의문이나 저항 없이 스스로 받아들인다.

그런데 객관적인 물질적 편익을 기준으로 볼 때, 현대인의 삶은 자본주의 사회 이전보다 훨씬 더 풍요롭다. 저렴한 비용으로 각국의 다양한 음식을 맛볼 수 있고, 더욱 쉽게 외국으로 여행을 다닐 수도 있다. 예로 예전에는 한국에서 바나나는 비싼 귀한 과일이었으나, 이제는 값싸고 흔한 과일이 되었다. 인터넷을 이용하여 무제한의 음악과 예술을 감상할 수도 있다. 현대사회 중산층의 물질적 생활 수준이 중세 귀족 생활보다 더 낫다는 이야기도 있다. 가난한 서민층도 흉작 시 초근목피로 연명했던 중세 농부들보다 나은 물질적 소비생활을 한다. 따라서 소비사회의 빈곤은 절대적 빈곤이라기보다는 일종의 풍요 속 빈곤, 즉 사회적이고 심리적인 상대적 빈곤이다.

소비사회의 상대적 가난으로 인한 부끄러움과 수치감도 가난 자체에서 발생하지 않는다. 자본주의가 소비를 늘리기 위하여, 그리고 부를 획득하기 위한 경쟁을 조장하기 위하여, 사회·문화적으로 우리에게 내재화시킨 인위적 관념에 불과하다. 자본주의 시대 이전에는 부자가 부러움의 대상은 되었지만, 가난하여 풍족한 소비를 할 수 없다는 현실이 부끄러움이나 수치는 아니었다. 이는 자본주의가 상대적 빈곤에 대하여 만들어 내고 사회적으로 우리에게 내면화시킨, 일종의 '빈곤의 아비투스(habitus)*'이다. 보이지 않게 내재화된 관념은 개인의 외부에 대한 저항을 무력하게 한다. 가난한 자는 아감벤이 언급한 현대사회의 '호모 사케르**'로서, 사회에서 추방된 자가 아니라 사회에 갇힌 자다. 소비사회가 전 지구적으로 그리고 전 사회적으로 확장되어 추방될 영토(예로 소록도)가 없기도 하지만, 가난한 자들은 사회·문화적으로 처형되어 소비사회 광장에 그들의 잘린 머리와 몸이 전시되어, 모든 사람에게 경고하는 역할을 맡는다. 성과주체로서 부와 소비 경쟁에 매달리지 않는다면, 너희도 이처럼 처참히 처형되리라는 경고이다. 그들은 소비사회에 갇혀 있지만, 인격적 인간으로서 '존중과 가치'는 부인된다. 그들은 소비사회에 갇힌 '역외계급(Underclass)***'으로, 소비사회의 멋진 정원을 망치는 잡초처럼 쓸모없고, 보기 흉하며, 정원 영양분을 낭비하는 혐오스러운 불법체류자로 간주된다.

* 아비투스(habitus) ·······························

프랑스 사회학자 피에르 부르디외가 만든 '아비투스(habitus: 계급적 취향)'라는 개념은, 한 개인이 사회화 과정을 거치면서 획득한 영구적 성향 체계이다. 현대사회에서 아비투스라는 말은 개인의 사회적 위치, 교육환경, 계급 위상에 따라 후천적으로 길러진 성향을 말한다. 주로 지배계급이 그들의 생활과 문화를 긍정적이고 고급스러운 것으로, 서민층 생활과 문화를 부정적이고 저급한 것으로 사회·문화적으로 내면화시킨 성향 체계를 말한다.

** 호모 사케르

이탈리아 철학자 조르지오 아감벤은 현대인의 삶을 '호모 사케르'라 정의한다. 호모 사케르란 고대 로마에서 사회에서 배제되는 형벌을 받은 죄인을 가리키던 용어이다. 이들은 신체적으로 사형을 당하지는 않지만, 시민으로서 모든 법적 권리를 잃게 되어, 단순한 생명체로 살아가야 했다. 극단적 경우 누군가 호모 사케르를 살해해도, 살인자는 그로 인해 처벌받지 않았다. 호모 사케르는 육체적으로 살아 있긴 해도 법적으로는 존재하지 않기 때문이다. 법적으로 존재하지 않는 '생명체'를 죽였으므로 법적 문제를 따질 수 없다. 소비사회의 가난한 자도 신체적으로 처벌받지는 않지만, 정신적 및 사회적으로 모욕되고 살해된다. 하지만 누구도 그 살해에 대하여 처벌받지 않는다. 가난한 자는 사회적으로 모욕당하고 살해당하도록 선고받았기 때문이다.

*** 역외계급(Underclass)

1963년 군나르 뮈르달이 산업 구조적 이유로 영구적 실업을 강요당하는 배제의 희생자을 지칭하는 용어로 처음 사용했다. 그 이후 소년범, 학교 중퇴자, 약물 중독자, 복지 급여를 받는 아이 엄마, 강도, 방화범, 흉악범, 미혼모, 포주, 마약 밀매자, 거지 등 일반인에게 공공연히 두려움을 주는 한편, 양심의 가책을 느끼게 하는 사회계급에서 배제된 사람들을 의미한다. 그들은 지그문트 바우만이 지적하는 '인간쓰레기'로 간주되며, '정상적 사회계급' 체계 바깥으로 내쫓긴 사람들이다.

부를 획득하는 경쟁에서 실패하여 남들만큼 소비할 수 없는, 소비사회의 가난한 자들은 사회적으로 모욕과 멸시를 받으면 좌절한다. 가난은 '정상의 삶' 또는 '행복한 삶'이라고 여겨지는 모든 것에서 배제됨을 뜻하기 때문이다. 그들 삶은 모든 사회적 기준에 미달됨을 의미한다. (그들은 소비사회에 편입은 되지만 정상의 삶에서 배제된다. 그들에게는 '편입'과 '배제'라는 상반된 사회 기능이 동시에 작동된다) 지그문트 바우만은 다음과 같이 말한다. "소비사회의 새로운 가난한 자(New Poor), 즉 결함 있는 소비자에게 쇼핑할 수 없음은 충족되지 못한, 별 볼 일 없으며 무용지물인 삶임을 나타내는 치욕스러운 낙인이다. 쇼핑이 불가능하다는 건 쾌락의 부재뿐 아니라 인간 존엄의 부재를 의미한다. 삶의 의미 부재, 더 나아가 인간성 및 자신과 주변 타인을 존중할 이유 부재이다." 그들은 모두가 합의한 사회규범을 따르지 않고, 선량한 시민을 해치고, 범죄로 소비사회 시민의 재화를 빼앗아 갈 수 있는 잠재적 범죄집단 내지 제5열(적국에서 심어 놓은 비밀집단)로 혐오의 대상이 된다. 따라서 상류층의 대규모 부정부패, 사기, 세금 체납 등 불법행위에 비해서, 빈민 계층에서 발생하는 범죄는 대개 사소하거나 사회 영향력이 적지만 처벌은 더 엄격하다. 가령 배가 고파 상점에서 식료품을 절도한 행위는, 상류층이 저지르는 거액의 부정부패보다 더 엄격히 처벌*될 수 있다. 이처럼 이웃, 그룹, 공동체, 사회 여론 법정에서 선고되는 모욕이라는 사회적 징벌은 누구도 피해 갈 수 없으며, 징벌을 받는 사람의 정신과 삶을 황폐하게 한다. 이 징벌은 신체적 징벌보다 더욱 가혹하고 장기적으로 진행된다.

* 계란 18개 훔쳐 18개월 징역? ··

2020년 3월에 열흘을 굶고 계란 18개를 훔친 한 40대 남자에게 검사는 18개월 실형을 구형했다. 계란 1개에 1개월씩 구형한 셈이다. 검사는 그가 이미 절도 9범 전과자이어서 특가법(특정범죄 가중처벌 등에 관한 법률)을 적용하여 그렇게 구형했다고 한다. 그는 16살에 가정폭력으로 집을 나온 뒤, 배가 고플 때마다 고물상 앞 손수레, 공사 현장 주변 배관, 전선, 중고 냉장고 등을 훔쳐 허기를 채웠다고 한다. 그렇게 그가 절도한 금액은 총 627만 원치이다. 그로 인해 그동안 그는 12년 8개월을 감옥에서 보내야 했다. 법원에서 그는 다시 1년 실형을 선고받았다. (수십~수천억 원 횡령이나 불법 행위를 한 재벌의 처벌은 집행유예가 일반적이다)

　가난한 자, 즉 결함 있는 소비자는 모욕이라는 사회적 징벌을 자신 책임으로 받아들일 수밖에 없기 때문에, 그의 자존감은 낮아지고 심리적 죽음을 겪는다. ('인간은 자존감을 잃으면 다 잃는다' - 영화 〈나, 다니엘 블레이크〉 대사 중) 게다가 소비사회가 발전하여 성취의 강조 및 소비의 유혹이 커질수록, 그리고 인간적 삶을 위한 모든 대상이 시장 상품화될수록, 그것을 따라갈 수 없는 그의 상실감과 좌절감은 더욱 커진다. 슬라보예 지젝이 지적하듯, 우리는 자본주의 사회 이외 삶을 상상하는 것조차 불가능한 시대를 살고 있다. 이런 사회에서 벗어날 방법이 없는 가난한 사람들은 정신적으로 서서히 무너지고 죽어 간다. 하지만 아무도 그들에게 관심을 두지 않는다. 또는 관심을 가질 이유를 찾을 수 없다. 그들 이야기를 들어주는 사람도 없고, 그들이 목소리를 낼 수 있는 사회적 채널도 없다. 가난한 자들은 사회적 모욕과 낙인으로 정신적으로 무너지고, 쉽게 자포자기에 빠져 술, 마약, 폭력 등에 빠진다. 극단적 경우는 노숙자가 되기도 한다. 그들 아이들도 적절한 교육과 지원을 받지 못하여, 자라서도 빈곤층에서 벗어날 수 없는 빈곤의 악순환에 빠진다. 이런 좌절과 악순환으로 그들은 더욱 혐오와 경계의 대상이 된다. 한편 중산층도 언제든 이런 상태로 추락할 수 있다는 공포감을 갖는다. 그래서 실직은 곧 빈곤층으로 추락을 의미하기

32

때문에, 죽도록 일자리를 지키기 위한 경쟁에 매달린다. 절대적 빈곤은 아니지만, 상대적 빈곤을 느끼는 대다수 사람도, 정도 차이지만 마찬가지로 이런 좌절과 심리적 죽음을 겪는다.

> "현대인에게 널리 퍼져 있는 가난에 대한 공포는, 현대사회가
> 겪고 있는 최악의 도덕적 질병이다."
>
> — 윌리엄 제이스

억압된 욕구와 내재화된 좌절은 프로이트가 주장하는 '억압된 것의 회귀'와 같이, 결국 분노와 적의로 돌아온다. 때론 타인을 이유 없이 공격하거나 사회적 폭동을 일으킨다. 한국 언론에서 과도하게 부각되는 모르는 사람을 향한 이유 없는 공격과 상해 행위는, 주로 조현병이나 공격적 성격 등 개인의 정신적 질병으로 원인을 찾지만, 그 밑바닥에는 대개 이런 사회적 욕구의 억압과 좌절이 원인이 된다. 지그문트 바우만은 서구 사회의 폭동과 약탈 행위도 이런 원인으로 파악한다. 하지만 대다수 경우는 자신의 몸과 마음을 공격한다. 우울증과 자살충동으로 향한다. 분노와 좌절을 표출할 수 있는 다른 모든 방법을 빼앗긴 사람에게, 그의 육체와 마음은 분노와 좌절을 표출할 유일한 대상이기 때문이다. (극단적 경우로 조현병의 환청과 환각은 사회적 모욕과 억압이 무의식에 쌓이면서, 피해망상 방식으로 비정상적으로 분출되는 현상일 수 있다) 또는 은둔형 외톨이가 되거나 술, 섹스, 마약, 게임, 도박 등으로 사회에서 도피한다. 이처럼 소비자본주의는 모욕이라는 사회적 징벌로, 보이지 않게 우리 본성을 지배한다. 가난한 자들을 희생

양으로 모욕하고 징벌하면서, 그 외 사람들을 끝없이 부와 소비 경쟁에 매달리게 한다. 소비자본주의 사회는 체제 내에 공격하고 모욕할 '악의 축'을 구축하여, 그 체제 성격과 영향력을 더욱 강화한다. 이는 20세기에 자본주의가 외부적으로 공산주의를 '악의 축'으로 구축하면서, 자본주의 체제를 더욱 공고히 했던 방식과 같다.

소비사회의 많은 사회적 병리 현상은 가난에 대한 낙인효과와 모욕이라는 사회적 징벌과 연관된다. 하지만 현대화된 가난은 절대적 가난이 아니고 상대적 가난이다. 절대적 가난이 문제라면 중세사회에 정신적 병리 현상이 현대사회보다 더 많았을 것이다. 가난에 대한 사회적 징벌을 개선하지 못한다면, 소비사회가 고도화될수록 정신적 병리 현상은 갈수록 더욱 심화될 것이다.

라다크(히말라아 서부의 외부 세계와 단절된 오지마을로《오래된 미래》에서 소개된 마을)의 물질적 생활 수준은 높았다. 크고 넓은 집에 여가 시간도 많았으며, 실업이란 건 아예 존재하지도 않았다. 굶주리는 사람도 없었다. 물론 서구 사회와 같은 편의시설이나 사치품은 없었다. 하지만 이들에게는 지속 가능하고, 훨씬 더 즐겁고 풍족한 삶의 방식이 있었다.
1970년대 중반, 라다크는 갑자기 외부 세계에 개방되었다. 보조금을 받아 건설된 도로로 보조금을 받은 식료품이 보조금을 받은 연료를 사용하는 차량에 실려 들어오면서, 라다크 지역경제는 약화되었다. 동시에 서구 소비주의를 미화한 광고와 미디어 이미지가 라다크를 덮치면서, 그들은 자신들 문화를 한심하게 생각하기 시작했다. 예로 내가 라다크에 왔던 초창기만 해도 마을 한 청년에게 여기서 가장 가난한 집을 보여 달라고 했을 때, 그는 "여기에는 그런 집이 없어요"라고 말했다. 그로부터 10년 뒤, 나는 그 청년이 여행객들에게 "우리를 도와주셨으면 해요. 우리는 너무 가난해요"라고 말하는 것을 듣게 되었다.

라다크에서 일어난 변화는 매우 확연했고, 나는 그 원인과 영향을 직접 보았다. 처음에 내가 본 건 생명력 있는 사람들과 참으로 지속 가능한 문화였다. 하지만 순식간에 대기와 수질이 오염되고, 실업이 발생하고, 빈부격차가 심화되었다. 가장 눈에 띈 변화는 정신적 가치를 중시해 온 사람들에게 불화와 우울함이 생겨났다는 점이다.

– 헬레나 노르베리 호지의《행복의 경제학》에서

굽은 음영

등 굽은 산동네 등 굽은 식당
늦은 밤 퇴근길

홀로 뜨거운 선짓국과 소주를 들이켜는
남루한 중년 사내 굽은 등과, 설핏한 전구에
달라붙는 어둠이 우려내는

눈물처럼 밥그릇처럼
섧고 쓸쓸하고 숙연하고 고운
그 오래된, 모든 등 굽은 삶의
굽은 음영

- 이종희 시집《슬픔의 사계》에서

소비사회

과시의 역설

현대 소비사회에서 사람은 소비 방식을 통하여 사회적으로 계급화된다. 소비 방식 자체가 계급적 장치가 되었다. 마르크스는 생산수단(자본) 소유를 기준으로 자본가와 노동자 계급으로 구분하였다. 하지만 베블런이 주장했듯, 소유만 하는 부는 의미가 없다. 부를 증명하고 보여 주어야만 우월한 계급으로 받아들여진다. 부를 증명하고 보여 주는 방식이 과시소비다. 돈을 많이 가지고 있다는 사실이 중요하기보다는, 다른 사람이 가질 수 없는 비싼 차와 집을 구매하여 보여 주어야 한다. 즉, 부의 축적은 소비 방식을 통하여 사회적 지위 차이를 만들어 낸다. 프랑스 사회학자 피에르 부르디외는 "사회는 자본의 불평등한 분배에 의해 계급화된다"고 주장한다. 그 자본은 경제자본, 문화자본, 사회자본, 상징자본으로 구성되고, 선진사회 경우는 경제 및 문화자본이 계급을 구분하는 기준이 된다고 한다. 그런데 경제 및 문화자본은 상류계급의 소비 행태로 표출된다. 물질적 과시소비와 고급문화 소비독점이 상류계급 표상이 된다. 이런 표상으로 소비사회의 계급 및 권력 관계가 생성되고 유지된다.

서구 중세사회에서 특권 신분은 세습되는 자연스러운 권리였다. 귀족계급 사치는 왕족의 삶을 모방한 측면도 있지만, 소수 특권계급의 향락적 성격이 강하였다. 하지만 당시 귀족계급 사치는 극소수 사람의 삶이었고, 대다수 평민의 삶은 사치적 소비와는 거리가 멀었다. 중세 이후 상업 및 산업자본 계층이 부를 새롭게 획득하면서, 귀족계급의 삶을 모방하게 되었다. 신흥 부르주아 계층은 바로크 양식을 이용한 화려한 저택과 실내장식으로 귀족계급 거주 양식을 모방하였다. 더불어 귀족계급 문화인 오페라 및 클래식 음악에 관심을 가지고, 그들의 사회적 지위를 특권계급으로 높이고자 하였다. 경제자본을 얻은 그들은 사회적 특권계급이 되기 위하여, 문화자본도 욕심내기 시작하였다. 자본주의 사회의 과시소비는 이 과정에서 비롯되었고, 자기보다 상위 계층의 삶과 소비 행태를 모방한다는 특성을 띠게 된다.

부르디외는 '부르주아 계급은 고급문화를 향유하는 상류계급으로 동화를 위한 문화적 열정과, 충분하지 못함에 대한 두려움으로 과시소비를 하는 경향을 보인다'고 말한다. 과시소비 욕구에는 '차이'와 '인정'에 대한 욕구가 이면에 숨어 있다. 상위계층으로 올라가 하위계층과 자신을 구별 짓고, 상위계층 구성원으로 인정받고 싶은 욕구*이다. 과시소비 욕구는 갑자기 부를 획득한 계층(졸부)에서 더 강하게 표출된다. 이미 오랫동안 상류계급으로 인정받은 사람들은, 과시소비로 차이와 인정을 받을 필요성을 덜 느낄 수 있다. 결국, 과시소비는 현재 자신의 사회적 위치나 재산보다 더 높고 그리고 더 많이 지니고 있다고, 남에게 보여 주고 싶은 허영에서 시작된다.

---

* 파노플리 효과(panoplie effect) ··

장 보드리야르가 주창한 과시소비 효과이다. 그는 "소비자가 물건을 사는 행위에
도, 그 사람의 이상적 자아가 반영된다. 상류층이 되고 싶거나 신분 상승을 바라
는 마음이 특정 상품 구매로 이어진다"고 주장했다. 명품 브랜드를 구매함으로써,
자신이 상류층 혹은 동일 상품 소비자 집단과 동일하다는 만족감을 느낀다는 것
이다.

자본주의가 고도화되면서 과시소비 욕구는 경쟁주의와 소비주의를
자극하기 위하여 더욱더 활용된다. 몽테스키외는 《법의 정신-사치금
지 편》에서 사치는 자본주의 시대 이전에는 통제받고 관리되었지만,
자본주의 시대 이후 경쟁의 과실로 치부되고, 경쟁을 촉진하기 위하
여 조장되었다고 말한다. 이후 자본주의 사회가 더욱 발전하면서, 과
다 생산된 상품을 소비시키기 위하여 과시소비 욕구는 더 적극적으로
활용된다. 예로 TV 드라마에서는 상류층의 화려한 생활을 반복적으로
보여 주어, 그들 생활을 모방하는 과시소비를 부추긴다. 많은 광고는
'차이'와 '인정' 욕구를 자극하여, 고가의 사치재 판매를 늘린다. (고가
의 자동차 광고를 보라!) 명품이나 브랜드 상품 판매도 소비자의 과시
소비 욕구에 기반한다. 이렇게 조장된 과시소비 욕구는 속물 효과*를
낳는다.

---

* 속물 효과(snob effect) ···

속물 효과는 특정 상품에 대한 소비가 증가하면, 그에 대한 수요가 줄어드는 소비

현상이다. 다수의 소비자가 구매하는 제품을 꺼리는 소비 현상을 뜻하는 경제 용어로, 남들이 사기 어려운 값비싼 상품을 보면 오히려 사고 싶어 하는 속물근성에서 유래한다. 소비자가 제품을 구매할 때 자신은 남과 다르다는 생각을 하는 게, 마치 백로 같다고 하여 백로 효과라고도 하며 스놉 효과(snob effect)라고도 한다. 명품 브랜드 소비에서 흔한 현상으로, 특정 상품을 소비하는 사람이 많아질수록 그 상품에 대한 수요는 줄어들고, 값이 오르면 오히려 매수 심리가 올라간다.

- 《Daum 백과》

재미있는 비유가 있다. 백화점의 한 중저가 브랜드 옷 매출이 부진하였는데, 어느 날 직원이 실수로 10만 원대 옷을 가격표에 100만 원대로 잘못 기재하였다. 그런데 그 이후 매출이 오히려 늘었다. 일종의 속물 효과가 나타난 것이다. 속물 효과 이면에는 차이와 인정을 추구하는 속물근성이 자리 잡는다. 르네 지라르는 속물근성이란 '자신의 진정한 모습보다, 자신이 되고 싶은 더 잘난 인물이 끊임없이 자신의 의식에 나타나게 하기 위하여 사용된 방법들의 집합'이라고 말한다. 라캉이 지적한 바와 같이 '나의 욕망보다 타인의 욕망을 욕망하는 것'이다. 결국, 과시소비에서는 상품 '필요성'이, '차이와 인정' 욕망으로 대체된다. 과시소비는 상품이 필요해서 사는 게 아닌, 남에게 보여 주기 위해서 사는 게 된다. 상품 그 자체를 소비하기보다는, 남보다 우월하다는 사회적 기호(상징)를 구매하여 소비한다. 예로 당신이 저가보다 고가의 자동차를 사는 이유는, 이동 수단이 필요하기보다는 남보다 우월하다는 사회적 시선을 얻고자 하는 욕망이 더 크기 때문이다.

필요한 건 얻고 나면 필요성은 충족된다. 하지만 과시소비 욕망은 충족될 수 없다. 더 많이 소비할수록, 더 큰 욕구가 생긴다. 부와 마찬

가지로 과시소비도 바닷물과 같다. 소비할수록 더 갈증이 난다. 성형수술 중독과 비슷하다. 남에게 더 좋은 외모를 보여 주기 위해, 처음에는 간단한 쌍꺼풀 수술로 시작하지만, 수술 후에는 끝없이 더 큰 성형수술 욕망이 생긴다. 과시소비를 위한 쇼핑중독이 되면, 구매할수록 추가 구매 욕구가 더 커진다. 아울러 과시소비의 상대적 욕구불만도 더 커진다. 끊임없이 새로운 상품이 출시되고, 얼마 전에 구매한 상품이 이내 유행에 뒤진 상품이 된다. 어제 구매한 과시 상품도, 타인이 구매한 오늘 출시된 최신 상품으로 인해 빛이 바래진다. 심지어 백만장자의 화려한 주택도 억만장자의 더 화려한 주택과 비교되고, 이로 인한 욕망의 좌절도 커진다. 뤼시앵 골드만은 현대사회의 모방 및 경쟁 그리고 그 허위에 대한 미끄러짐(좌절)이 이전 사회보다 커지고 있다고 지적한다.

더 나아가 과시소비는 '관계 불안(Reference Anxiety)'을 야기한다. 관계 불안이란 이웃에게 지지 않으려고 허세를 부리는 현상을 지칭하는 사회학 용어이다. 내 차와 집이 나에게 좋은가보다는, 이웃의 차와 집보다 비싼 것인지를 먼저 생각하는 현상이다. 관계 불안으로 행복경제학에서 말하는 '쾌락의 쳇바퀴(hedonic treadmill)' 또는 '만족의 쳇바퀴(satisfaction treadmill)'에 빠진다. 과시소비는 마약과 비슷하다. 새로운 만족을 경험하면, 그것을 유지하기 위해 더 많이 가져야 한다. 일종의 '쾌락'이란 쳇바퀴를 타는 셈이다. 만족을 유지하려면 계속 쳇바퀴를 굴려야 한다. 갈수록 똑같은 쾌락을 얻기 위해, 점점 더 많은 물건을 사야 하고, 그 쾌락은 점점 더 빨리 사라진다. 두 번째 시식은 첫 번째 시식만큼 맛있지 않기 때문이다. 반복적으로 소비할수록 뇌에서 느끼는 소비효용(utility)은 계속 감소하는 만족의 한계효용체감 법칙이 발생한다. 욕망의 대상은 일단 그것을 소유하게 되면, 급속히 매력과 효용이 사라지기 마련이다.

또한 무엇보다도 과시소비를 하는 사람은 타인에게 '인정'과 '존경'을 받고자 하지만 받을 수 없다. 대개 타인에게 시기와 혐오만 유발할 뿐이다. 타인도 경쟁에서 이기고자 몸부림치는 사람이기 때문이다. 과시소비는 타인의 열등감과 절망감을 불러오기 때문에, 타인은 마음속에서 진정한 인정과 존경을 건네줄 수 없다. 의례적 인정과 친절은 과시소비를 하는 사람이 아닌, 그가 가진 부를 향한다. 과시소비를 하는 사람도 그 점을 잘 알기 때문에 부를 놓치는 것에 대한 두려움과, 타인이 자신의 부를 어떠한 방법으로든 빼앗아 갈 수 있다는 공포감을 가진다. 따라서 과시소비 욕망에 매몰될수록, 모든 삶의 기준은 물질적 성공에 맞추어진다. 오만과 경계심, 이기심만 남게 되어 원만하고 만족스러운 타인과 관계가 어렵게 된다. 결국, 과시소비는 타인과 관계에서 신뢰, 친밀, 사랑, 공감, 존경, 낭만 등 인간적 가치가 사라지게 하고, 물질적 가치에 대한 경쟁의식과 타인과 갈등만 남게 한다. 무한경쟁에는 평화와 자유가 없다. 오로지 만성적 피로와 권태만 맴돌 뿐이다.

쉬운 예를 들어 보자. 한 여자가 값비싼 명품백을 사기 위하여 1년간 어렵게 돈을 모았다. 마침내 그녀는 명품백을 사서 친구들 모임에서 자연스럽게 자랑한다. 하지만 친구들에게 나는 남과 다르다는 것, 즉 나는 특별한 존재라고 인정받고 싶지만, 친구들에게 얻는 건 보이지 않는 질투와 시기일 뿐이다. 아울러 명품 구매 경쟁으로 자신과 친구들 구매를 항상 비교하고, 상품 자체가 나에게 좋은가 보다는 친구들

것보다 더 비싼 것인지에 집착한다. 자신보다 더 비싼 명품을 살 수 있는 친구에 대한 좌절감도 커진다. 그리하여 그녀의 명품에 대한 욕망은 점점 더 커진다. 명품을 구매한 순간의 만족감을 유지하기 위하여, 더 비싼 명품이 필요해진다. 하지만 새로운 명품은 구매하자마자 중고품이 되고, 이내 만족도는 시들해진다. 또 다른 새로운 명품을 사기 위하여 자신을 더욱 몰아붙여, 돈을 힘들게 벌고 삶을 허비하지만, 그럴수록 자신의 삶과 친구들과 관계에서 행복과 만족은 더 멀어진다. 마치 태양이라는 욕망을 향해 높이 날수록, 행복이라는 밀랍 날개가 녹아 버려, 결국 바다에 떨어져 죽는 이카로스와 닮게 된다.

결국, 채워지지 않는 욕망의 좌절과 관계 불안 그리고 타인의 시기와 혐오로, 타인의 인정을 받기 위한 과시소비를 할수록, 만족과 행복이 더 멀어지는 '과시의 역설'이 발생한다. 아리스토텔레스는《니코마코스 윤리학》에서 "자기 안에서 인위적 갈증을 불러일으키는 사람들이 있다. 기쁨을 느낄 수 있는 다른 대상이 없기 때문이다"라고 말한다. 소비사회에서 인위적 갈증은 주로 과시소비 욕망에서 비롯된다. 하지만 과시소비 욕망은 밑 빠진 독에 물을 붓는 격으로 채워질 수 없다. 순간적으로는 만족할 수 있으나, 이내 불만족 상태로 환원된다. 역사적으로 보면 과거 거의 모든 사람은 필요성을 중심으로 삶을 영위해 왔다. 하지만 우리는 이제 충족될 수 없는 과시소비 욕망에 맹목적으로 집착한다.

부르디외가 경제자본과 문화자본이 계급화 장치라고 한 바와 같이, 고급문화 소비독점도 상류층 과시소비와 연관된다. 부르디외는 문화의 사회적 기능을 계급을 정의하고, 계급을 분리하고, 계급 구성원 자격을 나타내는 것이라고 주장한다. 문화란 계급 구분과 사회적 계층을 만들어 내고 보호하려고 고안된 기술이라고 말한다. 상류층은 사회경제적 특권적 지위를 고급문화 소비독점으로 증명할 필요가 있고, 그들의 취향은 대중의 평범하고 속물적이고 천박한 취향과는 구분되어야 했다. 그런데 소비사회의 고급문화 소비독점에도 '과시의 역설'이 발생한다.

예전부터 예술은 고급문화를 대표하였다. 서구 중세사회에서는 예술의 향유가 귀족계급의 중요한 특권으로 여겨졌다. 이후 자본주의 시대가 도래하면서 톨스토이가 지적하듯, 신흥 부르주아 계층은 귀족계급의 예술 취향을 모방하여, 평민계층과 스스로 구별 짓고 상류계층 자격을 얻고자 하였다. 그런데 대량생산과 대량소비의 자본주의 시대가 되면서, 예술은 '시장 상품화'로 새로운 소비시장으로 확대되고, 자본의 이윤을 증가시키는 도구로 활용된다.

자본주의가 발전하면서 예술은 두 방향으로 시장 상품화되는 과정을 거친다. 첫째로 예술의 대중 상품화가 이루어진다. 이발소에 모나리자 복제품이 걸리고, 사무실 로비에는 추상화가 장식되었다. 클래식 음악은 이제는 왕족이나 귀족계급만 향유하는 고급문화가 아닌, 값싼 음반으로 누구나 향유할 수 있는 '시장상품'이 되었다. 아울러 대중이 친숙하고 쉽게 즐길 수 있는 팝 음악이라는 소비상품으로 확대되었다. 칼 폴라니의 《거대한 전환》에서 '악마의 맷돌'로 등장하는 공장의 대량생산 방식이, 예술과 문화산업에도 동일하게 적용되었다. 이는 음악과 예술 작품의 무제한 복제가 가능한 시대가 되었음을 의미한다. 예술의 대중 상품화는 문화산업에서 자본에 큰 이익을 가져다주었다. 하지만 대량 복제된 대중예술은 과시 기능을 가질 수 없다. 누구나 누릴 수 있는 대상에서는, 대중과 차이를 추구하는 과시 기능이 존재할 수 없기 때문이다. 그래서 두 번째로 대중예술과 차별화되고, 과시 기능이 있는 새로운 엘리트 예술로서 고급예술(High Art, 순수예술)이 필요해졌다.

고급예술 전개도 철저히 시장 상품화로 진행되었다. 현대예술이라고 불리는 아방가르드 예술이 그러하다. 특히, 현대미술은 추상화를 비롯하여 대중이 이해하거나 감상하기 힘든 방향으로 나아갔다. 오랜 기간 훈련으로 지식과 미적 감각을 갖춘 미술 평론가나, 그런 훈련을 할 수 있는 상류계층만이 이해하고 향유할 수 있게 되었다. 오스카 와일드가 말했듯 '아름다운 대상에서 아름다운 의미를 발견할 수 있는, 선택받은 교양인만의 예술'이 되었다. 현대음악이나 현대무용도 유사한 과정을 거친다. 이 흐름에 따라 저명한 예술평론가인 아서 단토는 예술계에서 예술로 인정한 작품만이 예술이라는, 다소 편협되고 특권적 시각의 예술관을 제시한다. 대중은 알 수도 없고 감상도 할 수 없는 현대예술이 탄생하였다. 대중이 이해하거나 감상할 수 있는 예술은 '대중예술'로 간주되고, '순수예술(고급예술 또는 현대예술)'에서 배제된다. 이에 따라 현대미술은 상류계층에서 대중과 구별 짓는 기호(상징)로 소비되지만, 또한 하나밖에 없는 사치재(Luxury goods)로 막대한 소비시장을 형성한다. 더욱이 슈퍼리치 계층에게는 고가의 미술품은 이익을 창출하는 투자재이자 지위재(Positional goods)로 소비된다. 이와 함께 비엔날레와 각종 현대미술 전시회는 지위재 판매와 구매를 위한 일종의 이벤트성 패션쇼가 되었다. 명품 브랜드 상품과 같은 고가의 프로모션 상품이 된 현대미술은, 조지 슈타이너 말대로 '최대한 충격을 주고, 그 즉시 진부해지도록 고안된다'. (이 원칙은 다른 소비상품에도 동일하게 적용된다) 새로운 다른 예술 '상품 판매'를 끊임없이 진행해야 하기 때문이다. 따라서 그곳은 예술이 끊임없이 폐기되는 '예술의 공동묘지'이기도 하다. 그곳은 상류층의 과시소비를 위하여, 유행에 따라 수시로 진열대가 바뀌는 고가의 명품 백화점과 기능적으로 동일해진다.

예술은 본질적으로 두 가지 측면에서 가치가 있어야 예술로 인정을 받을 수 있다. 내용적으로는 자연과 인간 삶의 본질적 아름다움(美)을 드러내야 하고, 형식적으로는 낯설고 창조적으로 표현되어야 예술로 여겨진다. 카프카는 예술은 얼어붙은 사람의 마음을 깨워서, 마음속 물길을 솟게 하는 행위라고 말한다. 그런데 현대예술은 차별적이고 과시적 소비 기능으로 발전하였고, 예술적 내용보다 낯설게 하는 창조적 형식에 몰두하였다. 현대예술 소비에서 새로운 예술적 형식을 이해할 수 있다는 특권 의식이 뿌리내렸기 때문이다. 더욱이 내용적 감흥보다는 새로운 형식을 이해하고 창조한다는 의식에 몰두하면서, 예술 창조 활동도 아카데미즘 예술 활동으로 전락하였다. 예술의 내용적 특성 즉 초월성, 미와 본질에 대한 추구, 마음의 슬픔과 기쁨, 자율성, 사회 문제에 대한 저항성도 약화된다. 또는 예술의 본질적 특성이 내적으로 소멸되고, 외양으로만 치장되어 현대예술의 과시소비적 성격을 강화시킨다. 예로 광화문 흥국생명 빌딩 앞에 설치된 노동자를 상징하는 '해머맨' 조각작품은, 예술의 사회 문제에 대한 내적 저항성과 의미를 소멸시키고, 노동자 계급에 적대적인 금융자본을 과시적으로 포장하는 예술 상징으로 소비된다. 이처럼 현대예술은 창조적 껍데기만 남은, 과시소비 도구로서 고급문화가 되었다. 나를 비추는 실존적 거울이 아닌, 상품 쇼윈도가 되었다. 누구도 진정한 예술로 향유할 수 없는 죽은 예술이 되었다. 시간을 초월하는 예술의 '영혼'을 잃어버리고, 내일이면 다른 포장지로 덮이는 예술의 '제단'만 남았다. 소비자는 제단에서 제사를 지내는 엄숙한 표정과 마음가짐만 요구될 뿐이다. (현대미술 전시회에서 관람객의 표정과 자세가 바로 그러하다) 이 과정에서 현대예술은 진정한 예술적 가치를 잃어버리고, 누구도(상류층마저) 예술을 온전히 향유할 수 없는 고급예술의 '과시의 역설'이 발생한다. 일찍이 프랑스 아나키스트 프루동은 "내용이 형식에 의해 완전히 타파되었다. 예술은 고급 창부가 되었다"라고 말했다.

죽은, 영혼의 언어

예술 중에 詩는 오래전부터 '인간 영혼의 언어'로 역할을 해 왔다. 하지만 아방가르드 영향을 받은 현대시는 갈수록 난해해졌다. 독자 영혼을 흔들지 못하고, 해독 불가의 난수표 암호문이 되었다. 결국, 현대시는 영혼을 잃어버리고 과시적 언어만 남아 버렸다. (말장난으로 '심오한 척'하는 속물욕구에 기초한 암호문에, 시인은 스스로 역겨움의 침을 뱉어야 한다!) 더욱이 소비시장에서 이익을 만들어 내는 상품성도 적어, 현대시는 영혼의 세계와 소비시장에서 모두 추방되었다. (대형서점 시집 코너는 초라하기 짝이 없다) 허빈 멜빌의 필경사 바틀비처럼 더는 아무런 곳에도 소속될 수 없게 되어, 공감과 영혼의 영양실조로 죽어 간다. 난해한 현대철학도 같은 길을 가고 있다.

낮은 출산율과 과시소비

현대 선진 사회의 낮은 출산율도 과시소비로 유발되는 측면이 있다. 자녀를 출산하고 양육하는 데 드는 비용이 과시소비로 인해 급증하였기 때문이다. 사람들은 자신들 과시소비를 유지하기도 급급한데, 자녀 출산으로 현재 과시소비를 유지할 수 없다는 두려움을 가진다. 과시소비는 늘리기는 쉽지만 줄이기는 어렵다. 사람들은 일상 생활화된 과시소비를 줄여 자녀 양육에 비용을 투입하기보다는, 과시소비를 유지하기 위하여 자녀를 낳지 않거나 가능한 적게 출산한다. 지그문트 바우만은 결혼과 출산을 기피하는 풍조는, 현대 소비사회의 너무나 당연한 '고유한 질병'이라고 지적한다. 맬서스의 《인구론》이 놓친 부분은, 사회의 부가 증가할수록 사람들은 더욱 과시소비에 매달리게 되고, 출산율이 낮아진다는 사실이다.

어떤 부고(訃告)

부자가 죽었다

수많은 화환이 진열되고
값비싼 꽃과 음식이 영정에 차려졌다
말쑥한 차림 客들은 서둘러 절을 한 후
두툼한 봉투를 남기고 총총히 사라졌다
유족은 화려한 봉분을 쌓기 위하여 분주하다

모두가
오랫동안 기다려 온
유산을 나누는 잔칫집에

산 흔적도
곡비(哭婢)도 없이
그의 고단한 눈동자만이 영정사진에
홀로 고·요·하다

- 이종희 시집《슬픔의 사계》에서

이중구속

　노스님이 젊은 스님을 무릎 꿇리고 호통을 친다. "네가 움직이면, 몽둥이로 내리치겠다." 하지만 곧 다시 호통을 친다. "네가 움직이지 않으면, 몽둥이로 내리치겠다." 이렇게 되면 젊은 스님은 움직일 수도, 움직이지 않을 수도 없는 이중구속* 상황에 빠진다. 이러지도 저러지도 못하는 딜레마에 빠진다. 우리나라에서 사회 문제가 되는 갑질 폭력 상황도 유사하다. 정신적 또는 물리적 폭력을 당하는 약자 입장에서는, 저항하기도 어렵고 폭력을 계속 견디기도 힘든 상황이다. 소비사회도 이중구속을 소비자에게 씌운다. 시장은 한편으로는 고칼로리의 다양한 음식을 맛보라고 유혹하면서, 다른 한편으로는 다이어트 상품으로 날씬한 몸매의 필요성을 강조한다. 온라인 전쟁게임과 조폭 영화 등 폭력을 조장하는 상품을 판매하면서, 폭력을 금지한다. 술, 담배 등 향락적 상품을 권유하면서도, 또한 그 향락을 치료하는 상품을 제공한다. 소비사회는 향락을 부추기면서도 금지한다. 금지한 대상을 동시에 찬양한다.

* 이중구속(Double Bind) ···

그레고리 베이트슨이 1950년대 제시한 이론으로, 한 개인이나 집단이 상호 모순된 메시지를 동시에 받아, 아무런 행동도 취할 수 없는 딜레마를 일컫는다. 가령 집에 늦게 온 아이에게 어머니가 나가라고 꾸중을 하여 아이가 나가고자 하면, 어머니는 아이에게 더 심한 꾸중을 한다. 이때 아이는 들어와야 할지 나가야 할지 혼란스러운 상황에 빠진다. 이중구속이 장기적이고 반복적으로 진행되면 조현병(인격분열 증상)이 유발된다고 한다. 소비사회에서 젊은 여성이 고칼로리의 맛있는 음식을 앞에 두고 먹어야 할지, 아니면 다이어트를 위하여 참아야 할지 갈등과 혼란을 느끼는 상황도 유사하다.

소비사회는 본질적으로도 소비자를 이중구속한다. 소비사회는 소비자에게 물질적 풍요와 만족이라는 당근을 제시하지만, 저항하는 이에겐 가차 없는 보복의 채찍을 휘두른다. 소비사회 기준을 따르지 않으면 소비자는 수치와 부끄러움, 즉 모욕이라는 사회적 징벌을 받는다. 소속된 그룹의 소비 수준에 미치지 못하면, 그룹 품위를 지키지 못한다고 외톨이가 된다. 소비사회에 갇힌 호모 사케르가 되어 인간적 가치를 부인당한다. 따라서 소비사회 요구를 따르는 것이, 일상 삶을 가능케 하는 조건으로 작동된다. 하지만 소비자가 순응해도 만족을 얻기가 어렵다. 소비를 늘려 갈수록 만족과 행복이 멀어지는 과시의 역설을 겪는다. 소비 경쟁과 중독으로 더 많이 소비할수록, 더 많은 갈증과 욕망이 생기기 때문이다. 이렇게 되면 소비자는 현재 가진 대상에 기쁨을 느끼기보다는, 갖지 못한 대상에 비참함을 더 크게 느낀다. 결국, 소비자는 소비사회 요구를 거부하기도 어렵고, 수용해도 불행할 수밖에 없는 딜레마에 빠진다. 물질적 풍요는 있지만 행복과 만족이 없는 불행한 돼지가 되기도 어렵고, 삶의 의미를 찾아가는 배고픈 철학자가 되기도 어렵다. 이것은 일종의 라캉의 자아 모델 딜레마이다. 외부에서 강요하는 사회적 정체성을 수용하면 나는 타자의 삶을 반복하면서 공허해지고, 거부하면 나의 자아는 파괴될 가능성이 있다.

딜레마에 빠져 혼란한 소비자를 소비사회는 '이중사고(double-thinking)' 방식으로 따라오게 한다. 이중사고는 조지 오웰의《1984》책에 언급된 용어로, 두 모순된 생각을 모두 진실로 받아들이는 기술 혹은 과정이다.《1984》에서 지배당은 무오류성 원칙을 지키기 위하여 과거 역사를 왜곡한다. 가령 지배당은 작년에 올해 곡물 산출량이 600만 톤이라고 예측하였는데, 올해 실제 생산량이 500만 톤밖에 되지 않는 경우, 지배당은 예측 오류를 숨기기 위하여, 모든 작년 기록에서 올해 예측량을 500만 톤으로 수정한다. 그런데 기록을 왜곡하는 담당자는 왜곡된 기록이 진실이라고 믿으면서도, 그 기록이 거짓이라는 사실을 알고 있어야 한다. 왜곡한 사실을 잊어버리면 담당자는 자신의 역할을 수행할 수 없다. 또한 왜곡한 사실을 진실이라고 믿지 않으면 담당자는 죄의식을 갖게 되고, 지배당의 무오류성에 의문을 품기 때문이다. 담당자는 왜곡하였다는 사실을 알면서도, 그 왜곡된 수치가 왜곡되지 않은 참된 수치라고 믿어야 한다. 담당자는 이 경우 '무지의 능동성'을 가진다. 우리가 영화나 드라마를 볼 때 이런 현상이 발생한다. 꾸며 낸 이야기라고 알지만 영화나 드라마에 과몰입하다 보면, 의식 속에서 능동적으로 그 내용을 현실처럼 받아들인다.

《1984》의 지배당처럼 소비사회는 우리에게 폭력과 향락을 부추기면서도 금지한다. 폭력과 향락을 즐기라고 권하면서도, 또한 그것을 거부하라고 우리에게 강요한다. 소비사회가 두 상반된 방식을 강요하는 이유는, 두 방식이 모두 소비를 증가시켜 자본의 이익이 되기 때문이다. 예로 고칼로리의 음식과 다이어트 상품 모두가 소비를 증가시켜 자본의 이익이 된다. 상반된 소비는 상호 보완적이고 서로의 소비를 촉진하는 역할을 수행한다. 이 상황에서 소비자는 폭력과 향락을 거부해야 하지만, 동시에 즐겨야 한다는 딜레마에 빠진다. 상반된 강제로 소비자는 소비에서 주도권과 자신의 통일성을 잃어버리고, 정신 분열적 무기력한 상태(Catatonie 상태: 분열증 특징인 무기력 상태)에 빠진다. 그리고 외부 자극에 조건반사적으로 파블로프의 개처럼 반응한다. 따라서 소비사회는 일종의 정신 분열증 사회라 할 수 있다.

소비자가 딜레마에 빠지는 대표적 소비 대상이 성(性) 상품이다. 섹스는 소비사회에서 금지되면서도, 어떤 상품보다도 더 소비하도록 부추김을 받는다. 성매매는 불법화되면서도, 성적 자극은 극대화된다. 광고, 영화, TV 드라마, 패션 등에서 성적 코드는 넘쳐난다. 하지만 공공연히 섹스에 대하여 말하기는 꺼리게 만든다. 에로틱한 광고는 우리 내면에 죄의식을 불러일으키면서도 즐겨야 하는 소비재가 된다. 에로티시즘은 금지되고 감추어질수록 우리의 성적 욕망을 증폭시킨다. (증폭된 성적 욕망은 부와 과시소비 경쟁을 추동하는 원동력으로 작동하기도 한다) 이런 방식으로 증폭된 성적 욕망은 자본에 막대한 이윤을 만들어 낸다. 세계적으로 가장 큰 소비시장 중 하나가 섹스 관련 시장이다. 성매매는 금지되지만 보이지 않게 확산된다. 인터넷을 통한 가상 성매매(예로 섹스 VJ방송), 성인 웹툰, 포르노, 성인 잡지, 성인기구 등 섹스 관련 소비도 갈수록 늘고 있다. 인터넷 검색 엔진에서 하루에 포르노를 검색하는 숫자는 6,800만 건이며, 이는 전체 검색의 25%

를 차지한다. 앞으로는 섹스돌과 VR 가상섹스가 인간의 주된 섹스 방식이 될 수 있다. 이 새로운 방식은 자본의 이익을 창출하는 또 하나의 거대한 소비시장이 될 수 있다.

소비사회는 소비자에게 자신의 성적 매력을 높이는 데도, 많은 돈과 시간을 소비하도록 만든다. 소비사회에서 외모의 섹시함과 아름다움을 추구하는 건 일종의 칸트의 정언명령이 된다. 모든 소비자가 따라야 하는 행위율이 된다. 시장에서 상품 디자인과 포장이 중요하듯, 외모는 자기만족과 타인과 경쟁에서 가장 성과가 많이 나는 투자처로 간주되기 때문이다. 그리하여 남녀노소를 불문하고 '매력적 외모'를 숭배하게 되고 다이어트, 피트니스, 성형수술, 화장품, 패션 등 소비시장은 날로 커진다. 게다가 섹시함, 육체의 아름다움, 에로티시즘은 다른 상품 소비에도 소비자의 관심을 잡아끄는 덧칠로 작동하여 해당 상품 소비를 늘린다. 이처럼 우리는 외모의 완벽함을 향한 '욕망이라는 전차'를 타고 끝없이 달려간다. 하지만 외모의 완벽함이란 누구도 가질 수 없기에 소비자에게 열등감을 만들어 낸다. 자신 몸을 소비사회가 요구하는 만큼 또는 자신이 욕망하는 만큼 개조할 수는 없기에, 결국 자기 몸은 자신의 적이 된다. 자신 몸이 자신에게서 벗어나서, 교환가치로서 하나의 상품이 되고, 기호가 되고, 존재의 소외가 된다. 그래서 성형수술을 많이 받은 얼굴은 시간을 초월한 가면과 같은 인상을 풍긴다. 소비사회는 소비자를 거부하기 힘든 끝없는 만찬으로 유혹하여 폭식증을 유발하면서도, 다음 날에는 날씬하고 섹시한 몸매에 대한 강박감을 만들어 거식증으로 내몬다. 소비사회의 젊은 여성이 외식 후에 구토하여 속을 비워 내는 모습은, 로마 귀족들이 끝없이 만찬을 즐기기 위하여 깃털로 먹은 것을 토해 내고, 다시 만찬을 즐기는 모습과 닮았다. 이 방식(폭식증과 거식증을 동시에 유발하는)이 소비사회가 과다 생산된 상품을 소비시키는, 즉 소비자에게 강요하는 소비 형태가 된다.

성이 상품화되고 말초적 성적 욕구가 극대화되면서, 성의 본질적 가치는 연기처럼 사라진다. 조르주 바타이유가 《에로티시즘》에서 주장한, 성이란 육체적 및 심정적 결합을 통한 존재의 연속성을 추구하는 행위라는 인간 본질적 가치는 잊힌다. 푸코가 《성의 역사》에서 주장한, 성적 욕망은 권력에 의해 억압되었지만 그 억압된 욕망의 해방을 통하여, 인간 해방이 된다는 사회적 맥락도 묻힌다. 페미니스트 작가 게일 루빈이 《성을 사유하기》에서 주장한, 성의 상품화와 사물화가 아닌 여성이 성을 사유하고 몸을 온전히 향유할 수 있을 때, 여성이 해방된다는 본질도 사라진다. 섹스는 출산과 감정(사랑)과 의미에서 분리되고, 쾌락과 오락적 요소만 남아, 쇼핑 상품처럼 충동적으로 거래되고 소비된 후 버려진다. 일종의 클럽 One-night stand 섹스가 된다. 섹스는 피자를 주문하는 행위와 유사해진다. 번거로운 과정은 생략되고, 욕망과 충족 사이의 거리는 단축되는 인스턴트 소비상품이 된다.

남녀 간 연애나 사랑도 기다림과 감정 교류 등 절차적이고 관계적 즐거움이 아닌, 유행하는 옷을 사듯 또는 스마트폰을 바꾸듯, 돈으로 구매하고 쉽게 폐기하는 말초적이고 즉자적인 소비상품이 된다. 하지만 인스턴트 섹스와 연애는 우리에게 더욱더 깊은 외로움, 허무함, 박탈감을 느끼게 할 뿐이다. 그곳에는 남녀 간 복잡한 감정 교류, 점차 깊어가는 애정, 상대방에 대한 희생, 만남 후 잔잔히 퍼지는 여운, 진정한 사랑에서 느끼는 희열, 동반자에 대한 친밀감, 사랑에 대한 성취감과 행복이 없기 때문이다. 게다가 인스턴트 연애에서는 자신이 그러하듯, 상대방에게 자신도 언제든지 버려질 수 있다는 불안감을 늘 가질 수밖에 없다. 이런 외로움과 불안감을 느낄수록, 남녀는 순간적 만족을 주는 또 다른 인스턴트 관계에 마약처럼 빠져드는 악순환이 반복된다. 장자가 비유하듯, 자신의 그림자를 떼어 내려고 끝없이 달리다가 지쳐서 죽는 사람과 같아진다.

소비사회는 이 과정을 통하여 개인적이고 인간적 '욕망의 영토'를 식민지화한다. 인간 존재적 욕망, 즉 타자에 대한 욕망, 자아실현을 향한 욕망, 자유를 향한 욕망, 온전한 성에 대한 욕망 등이 상품화 과정을 통하여 인간 욕망의 영토에서 추방되거나 억압된다. 더불어 지속적 유혹과 자기 통제, 자유와 강제, 쾌락과 금지라는 난처한 변증법으로, 향락과 욕망은 소비사회에서 점점 더 고통스러운 강제성을 띤다. 결국, 우리는 인간 본질적 욕망을 잃어버리고, 시장 욕망으로 이중구속이 된 자발적 노예가 된다. 향락도 성(性)도 자발적 노예의 고통스러운 소비 노동이 될 뿐이다.

향락과 여가 활동도 노력해서 남들보다 더 빨리 목표를 달성해야 하는 경쟁 대상이 된다. 피트니스센터에서 하는 운동은 나 자신의 즐거움을 위해서가 아닌, 타인과 치열한 경쟁 활동이 된다. 남보다 더 좋은 외모를 갖기 위하여 성형수술을 하고, 스포츠 선수는 더 나은 성적을 위하여 도핑을 한다. 여가 시간을 보낼 때도 내일 타인보다 더 많은 노동과 소비를 하기 위하여, 오늘 자신의 건강과 재충전을 위한 치열한 경쟁을 한다. 이런 경쟁으로 여가와 향락 산업은 더 큰 소비시장으

소비사회

로 확대되고, 더 큰 자본의 이익이 만들어진다. 스베나 플라스 묄러는 《우리의 노동은 왜 우울한가》에서 "새로운 산업 부분, 그러니까 몸을 해치기는커녕 더 강하게 만들어 주는 향락 산업이 탄생하였다"고 말한다. 하지만 이 방식의 향락은 비현실적, 인위적, 가상적 향락으로 즐거움과 이완(쉼)을 주는 향락의 본질과는 아무런 관계가 없어진다. 나 자신을 극복하며 힘들게 노력하여 치열한 '향락 경쟁'에서 승리해야 하는 방식이 된다. (경쟁에서 승리와 타자의 인정이라는 사회적 기호를 추구하는 향락이고, 이는 부와 소비 경쟁에서 활동과 유사하다) 마치 오디세우스가 배에 자신을 묶고 세이렌섬* 여신들의 노래를 듣는 방식이 된다. 사람들이 자유롭게 향락을 경쟁하는 사이에, 자본은 향락 산업에서 스스로 증식해 간다. 개인적 자유와 여가는 스스로 증식을 추구하는 자본에 숙주가 되어 착취된다. 자유롭게 해방되는 주체는 개인이 아니라 자본이 된다.

* 오디세우스와 세이렌 ⋯⋯⋯⋯⋯⋯⋯⋯⋯⋯⋯⋯⋯⋯⋯⋯⋯⋯⋯⋯⋯⋯⋯⋯⋯⋯⋯⋯⋯⋯

고대 그리스 작가 호메로스의 《오디세이아》에서 위대한 영웅 오디세우스는, 20년의 긴 전쟁을 마치고 고향으로 돌아가는 도중에, 세이렌 자매 섬을 지나야만 했다. 새의 몸에 여자의 머리와 목소리를 가진 바다 괴물 세이렌은, 아름다운 노랫소리로 뱃사람을 유혹해 바위에 부딪혀 죽게 만들기 때문에, 이곳을 지나는 모든 배은 좌초되거나 바다에 가라앉아 살아 나올 수 없었다. 하지만 오디세우스는 그 노래를 듣고 싶어 자신 몸을 기둥에 단단히 묶고, 다른 일행은 밀랍으로 귀를 막아서 음악을 듣지 못하게 했다. 실제로 세이렌의 음악이 퍼져 나가자, 오디세우스는 자신을 제어하지 못하고, 발버둥 치며 밧줄을 풀지 않으면 부하들을 모조리 죽이겠다며 협박까지 한다. 하지만 그가 이전에 내렸던 명령에 따라 부하들은 오디세우스의 밧줄을 더욱더 세게 묶고 힘차게 노를 저어 그 섬을 무사히 빠져나온다.

고방

예전 할배집
한파 쓰린 동짓밤
늙은 소는 유난히 울부짖었다

새벽닭 울고
우사 된바람에
끓인 쇠죽을 되씹는
소 입김이 아렸다

감자꽃 필 때
집 나간 막둥이 삼촌이
몰래 돌아와
우사 옆 고방에서
얼어 죽은 날도

그 밤이었다

– 이종희 시집《슬픔의 사계》에서

외식의 선택

경제학적 소비는 자신의 욕망을 충족하기 위하여 상품이나 서비스를 선택하고 구매하여 소모하는 행위이다. 하지만 이 소비의 정의는 좀 더 넓은 의미로 확장되어야 한다. 외식과 집에서 하는 식사는 선택의 문제다. 부모 자신이 아이들을 직접 교육하는 방법(홈스쿨)과 학교에 보내는 방법은 대안의 문제이다. 주부에게 세탁기는 더 많은 자유시간을 의미한다. 소비를 넓은 측면에서 보면 돈과 상품뿐만 아니라, 우리의 한정된 시간, 열정, 체력, 관심, 감정 등을 소모하는 행위이다. 자신의 욕망 즉, 생존과 만족 그리고 궁극적으로 행복을 위하여 우리가 가진 자원을 소모하는 행위이다. 단순히 시장에서 상품을 구매하여 소모하는 행위만 소비가 아니다. 가령 누구에게나 동일하게 주어진 하루 24시간을 어떻게 사용할지는 선택의 문제다. 호주머니에 있는 24만 원을 어떻게 사용할지와 같다. 이렇게 소비를 넓은 의미로 보아야 '과시의 역설'과 같은 물질적 소비의 함정에서 벗어날 수 있다. 가령 쇼핑의 함정과 역설에서 벗어나기 위해서는, 산책이 쇼핑의 또 다른 대안이 되어야 한다. 모두 한정된 우리 삶의 자원을 소모하는 방식이기 때문이다. 결국, 우리가 가진 자원을 어떻게 선택하고 소모하는지가, 우리 삶의 만족과 행복을 결정한다.

모든 욕망은 대상을 가지고 있다. 그런데 우리가 일상 삶에서 욕망하고 소비하는 대상은 주로 '관계'에 대해서다. 우리는 소비를 통하여 대상과 관계하며, 욕구를 표출하고 해소한다. 데이비드 존슨과 로저 존슨은 《협력과 경쟁》에서 "태어나는 순간부터 죽을 때까지 관계는 핵심적인 우리 생존 조건이다. 우리는 관계 속에서 잉태되어 태어나면서, 관계를 시작하고, 관계 속에서 살아간다"라고 지적한다. 스페인 철학자 호세 오르테가도 현대사회의 새로운 사유방식을 '나는, 나와 주변 상황의 합'이라는 말로 요약했다. 나의 삶은 주변 대상과 관계로 이루어진다는 말이다. 심리학 교수 게네스 거건은 광속으로 연결된 지구촌에서, 우리는 더욱 다양한 형식으로 그리고 전보다 훨씬 더 긴밀하게 많은 관계에 개입된다고 지적한다.

인간은 본질적으로 세 가지 대상과 관계를 맺는다. 자연과 타인 그리고 나 자신과의 관계 맺기이다. 리처드 니스벳은 《생각의 지도》*에서 서양인은 세계를 각각 분리된 대상으로 보지만, 동양인은 세계를 전체 맥락 속 관계로 본다고 지적한다. 예로 서양화보다 동양화의 인물은 배경과 조화가 더욱더 중시된다. (동양인은 인물 사진을 촬영할 때도, 서양인보다 배경과 조화를 더 염두에 둔다) 동양 유·불·선도 인간이 지닌 자연(도교), 타인(유교), 자신(불교)과 조화로운 관계 맺기에 대한 사상이다. 동양의 관계 중심이란 상대방이 없이는 나 자신도 존재할 수 없고, 나의 삶과 가치도 상대 주체와 연결되어 조화롭게 공존해야 한다는 개념이다. 하지만 자본주의 화폐경제 발전은 게오르그 짐멜의 지적과 같이, 자연 및 타인과 관계를 화폐적 관계로 전환해 개인을 자유롭게 독립시켰지만, 동시에 그 관계를 비인격적인 물질적 관계로 변질시켰다.

＊ 리처드 리스넷 《생각의 지도》 - 동양과 서양 차이점 ·······································

동양	서양
더불어 사는 삶	홀로 사는 삶
전체	부분
도(道)	삼단논법
중용·경험	논리
관계	규칙

동양의 관계 가치는 21세기 소비사회에서 환경문제뿐만 아니라, 타인 및 자신과 소외 문제를 해결하는 단서가 될 수 있다.

세 가지 대상과의 조화롭고 건강한 관계는 인간 행복과 건강에 직간접적으로 영향을 미친다. 우선 본질적으로 인간은 공기, 물, 낮과 밤, 날씨, 동식물, 식량, 천연자원 등 자연환경 전체와 밀접히 관계 맺는다. 최근에는 미세먼지, 지구온난화, 자연재해 등으로 자연은 개인 삶의 질에 직접적으로 영향을 미친다. 또한 인간은 자연과 지속적으로 교류할 때, 행복과 만족감을 가질 수 있다. 가령 인간은 숲속에서 산책을 할 때 편안함, 쾌적감, 만족감을 느낀다. 하버드대학교 생물학과 에

드워드 윌슨 교수는 인간에게는 자연과 교류하려는 선천적 욕구가 있다고 주장하면서, 이것을 '생명애(Biophilia)'라고 부른다. 우리 DNA에는 인류 조상이 오랫동안 자연 속에서 살아온 경험과 감각이 누적되어 있다. 한편 타인과 관계는 나 이외 모든 타인과 개인적 및 사회적 관계 맺기이다. 가족, 친구, 이웃, 직장동료, 공동체 구성원 등과 직접적 관계뿐만 아니라, 간접적인 사회경제적 모든 타인과 관계도 포함된다. 인간을 사회적 동물이라고 하듯, 타인과 관계 맺기는 즉시 그리고 직접적으로 개인 행복에 영향을 미친다. 마지막으로 나 자신과 관계 맺기이다. 행복과 만족은 결국 나 자신과 관계에서 (나의 마음에서) 비롯된다. 앞으로 나 자신과 관계 맺기는 소비의 개인가치 추구를 통하여, 21세기 소비사회에서 중요한 변화를 불러일으킬 동력이 될 수 있다. 이 부분은 제3장의 〈노마드 소비자〉 편에서 자세히 다루고자 한다.

소비사회는 세 가지 대상과 관계를 왜곡하고 소외시켜, 개인의 만족과 행복을 훼손시킨다. 소비사회는 시장상품 확대로 다른 관계적 소비를 억압하고 포획하기 때문이다. 개인의 세 가지 대상과 관계는 소비시장에서 해체되어, 시장상품으로 교체되고 화폐로 교환되면서, 개인을 대상과 관계에서 소외시킨다. 들뢰즈는 관계에서 배치와 힘과 힘 사이의 관계 강도에 따라 개인은 다른 모습을 보인다고 주장한다. 주변 사람과 환경 여건에 따라 개인의 모습도 상이하게 나타난다는 주장이다. 왜냐하면 개인은 관계에서 부여되는 역할에 따라 정체성이 결정되고, 관계와 역할이 바뀌면 정체성이 다른 개인이 되기 때문이다. 시장에 의해 왜곡된 관계 욕망은 관계에서 개인을 재배치시킨다. 소비사회는 관계 속 재배치와 왜곡을 통하여, 개인의 세 가지 대상과 조화롭고 행복한 관계를 훼손하고 소외시킨다.

우선 소비사회는 인간의 자연과 관계를 왜곡하고 상품화하여 소외시킨다. 소비사회는 도시 생활을 즐거운 삶의 전형으로 만든다. 전원생활 불편함과 도시 생활 편리함에 대하여 과장되고 왜곡된 환상을 만들어 낸다. 전원생활의 여유로움, 조용함, 평온함, 휴식, 깨끗한 공기, 텃밭 등 효용은 축소하고 불편함은 과장하여 보여 준다. 하지만 전원생활 불편함으로 문화생활의 어려움을 많이 언급하지만, 도시인이 미술관과 공연 관람 등 문화생활을 실제로 바쁜 일상에서 얼마나 누리고 있는지는 의문스럽다. 반면 도시 생활의 소란함, 외로움, 각박함, 공해, 심리적 불안정, 높은 집값과 생활비 등 부작용은 축소하고 편리성, 화려함, 재미 등 효용은 과장하여 보여 준다. 이런 왜곡된 이미지는 드라마, TV 프로그램, 영화, 광고, 소셜 미디어 등으로 은밀히 우리 내면에 스며들고 내면화된다. 더 나아가 소비사회는 시장에서 인위적으로 만들어지고 상품화된 자연과 관계 맺기만을 강요한다. 우리는 공장의 대량생산 방식으로 생산된 농축산물을 시장에서 구매하여 소비한다. 깨끗한 물과 공기, 녹지, 조용함, 휴식 등도 시장 상품화된다. 심지어 산사의 고요함도 템플스테이라는 시장상품으로 판매된다. 자연 풍광도 여행 상품으로만 즐길 수 있는 대상이 된다. 농부에게도 농사는 자연과 상호 교류를 통한 노동이 아닌 공장 기계 노동과 유사해지고, 땅은 농약으로 불임이 된 사막이 되고 있다. 이제는 시장에서 상품화된 자연만을 소비하는 시대가 되었다. 자연과 직접적 관계 맺기(교류)는 사라지고, 자연을 온전히 즐길 수 있는 환경도 찾기가 어렵게 되었다. 더 나아가 자연과 관계가 시장 상품화되면서 맑은 공기, 깨끗한 물, 숲, 정원, 조용함 등은 특권계급의 사치재로 간주되고, 시장을 통하여 불공평하게 재분배된다. 노동자가 노동의 시장 교환으로 노동에서 소외되듯, 인간은 자연의 시장 교환으로 자연에서 소외된다.

타인과의 관계 맺기도 소비사회에서는 심각히 훼손되고 변화된다. 부를 획득하기 위한 경쟁과 소비 경쟁으로, 타인과 관계는 도구적이고 물질적 관계로 변질된다. 타인과 관계가 개인의 부와 소비 역량에 좌우되고, 타인은 나의 도구가 되고, 나는 타인의 도구가 된다. 심한 경우 타인과 부와 소비 경쟁으로 법적 분쟁, 폭력, 갈등, 범죄 등이 발생한다. 결국, 타인과 관계(인간관계)는 물화(物化)되고, 소비자가 갖는 상품과 관계로 변질된다. 타인과 관계가 상품을 구매하고, 소비하고, 폐기하는 방식으로 변한다. 타인은 상품처럼 나의 욕망과 쾌락 그리고 원하는 사항을 충족시킬 때만 관계 유지 의미가 있다. 언제든지 효용이 사라지면 효용이 사라진 상품처럼 그 관계는 폐기된다. 타인과 관계가 나의 욕망과 이익에 봉사하는 동안만 지속한다. 자신의 손익계산서에 따라 이익이 손해보다 클 경우만 지속하고, 그 손익계산서는 매일 다시 계산된다. 게다가 타인과 관계에서 관계를 폐기의 책임 외에는, 내가 책임질 부분은 없거나 최소화된다. 온라인 네트워크에서는 관계를 폐기할 부담마저 최소화된다. 타인도 나와 관계에서 같은 기준을 가지고 있어, 쌍방 관계는 한쪽 효용이 줄어들면 언제든지 쉽게 부서지고 폐기될 허약한 관계가 된다. 이와 같은 기능화된 인간관계에서는 상품 효용 주기가 갈수록 짧아지듯, 관계 효용 주기도 갈수록 짧아진다. 또 다른 새로운 상품처럼 또 다른 새로운 타인이 나의 욕망과 이익을 더 충족시켜 준다면, 기존 관계는 쉽게 종료된다. 사실 새롭다는

64

것 자체가 유혹과 효용이 되기 때문에, 기존 관계의 진부함에 대비되어 선택 이유가 된다. 그래서 상대에게 '버림당할 위험'과 경쟁 및 물화된 관계 스트레스가 적은, 게다가 내가 원하는 곳에 언제나 있고 날 배신하지 않는 반려동물, 로봇, 사이버 아바타가 타자(他者)를 대신하게 된다.

상품화되고 기능화된 타인과 인간관계를 유지하는 유일한 결속력은, 쌍방이 합의한 거래 효용이다. 따라서 타인과 관계에서 신뢰, 존중, 배려, 친밀감, 애정 등 인간적 요소들이 사라진다. 더불어 인간적 요소에 기반하여 이루어진 기존 역할 관계도 무너진다. 대신 그 빈 곳에는 시장의 관계 상품이 자리 잡는다. 예로 돈으로 구매가 가능한 가족, 친구, 이웃 등 역할 상품이 늘어난다. 결혼식의 부모와 하객도 역할 상품으로 구매가 가능하다. 심지어 애인도 역할 상품으로 구매된다. 정신과 의사 상담도 일종의 예전 친밀한 친구나 가족이 제공한 역할 상품이다. 로봇이나 인공지능이 노인과 아이의 친구가 되기도 한다. 부모가 바빠서 부족해진 아이들과 함께하는 시간이나 관심 그리고 그로 인한 죄책감도, 보상 형태로 시장상품(선물이나 용돈 등)으로 대체된다. 가족들 관계에서 사랑과 친밀감을 기반으로 이루어진 자녀 양육, 간병, 청소, 요리, 심부름 등도 가사 서비스란 시장상품으로 대체된다. (배달 음식의 성행은 가족 간에 이루어졌던 요리가 얼마나 많이 시장상품으로 대체되는지를 잘 보여 준다) 짐멜이 주장하듯 화폐만이 나와 타인 그리고 나와 사물을 연결하는 유일한 매개물이 되었다. 이는 개인에게 '독립성과 자율성'을 부여하기도 하지만, 돈이 없으면 그런 관계 그리고 독립성과 자율성은 하루아침에 신기루처럼 사라진다.

가장 큰 문제는 나 자신과 관계에서, 나 자신에게서 소외이다. 에릭 프롬은 현대사회에서 소외란 "인간이 자기 자신을 이방인으로 받아들이는 경험 양식을 의미한다"고 말한다. 자연 및 타인과 소외가 진행되어도, 자신과 소외가 없다면, 치명적 삶의 피폐는 발생하지 않을 수 있다. 하지만 내가 나 자신에게 타자이자 이방인이 됨으로써, 개인 삶은 뿌리째 흔들리고 정체성 혼란이 발생한다. 마음속에서 만족과 행복을 찾을 수 없게 된다. 나 자신과 소외는 개인의 시장 상품화로 비롯된다. 우리는 나 자신이 원하는 모습과 욕망이 아닌, 시장 및 소비사회가 원하는 모습과 욕망으로 살기를 강요당한다. 마치 시장이라는 프로크루스테스 침대에 사람들을 눕히고 침대 길이에 맞게 다리를 늘이거나 잘라내는 시대가 되었다. 예로 구직시장에서는 외모를 가꾸고 스펙을 쌓는 등, 나를 하나의 시장상품으로 만들어간다. 결혼시장에서도 외모와 조건이라는 나의 상품성을 높이고자 한다. 무엇보다도 '구직시장'과 '결혼시장'이라는 용어 자체가 생겨나고, 보편적으로 수용된다는 자체가 개인 상품화의 단면을 잘 보여 준다. 구직시장에서는 연봉으로 그리고 결혼정보회사에서는 점수로 개인의 상품 가치가 평가된다. 이런 시장에서는 자신이 좋아하는 일이나 배우자를 선택하기보다는, 시장의 좋은 조건 일자리나 배우자를 선택한다. 하고 싶은 일이 아닌 급여가 높은 직업을 선택하고, 사랑하는 사람이 아닌 재산이 많은 배우자를 선택한다. 그런데 시장상품으로 살수록, 나는 나 자신에게 상품이라는 사물이자 이방인이 된다. 프랑스 철학자 장 보드리야르는 현대 소비사회에서 소비자는 주체성을 상실한 채, 자신의 진정한 욕망에서 소외되었다고 지적한다. 소외가 깊어져 상품화된 나는 본래의 자신을 통제하고 착취한다. 하지만 상품화된 나는 자본과 시장에 의해 조정되고 만들어지기 때문에, 결국 나 자신에게서 벗어난 나는 자본과 시장이 나 자신을 통제하고 착취하는 도구로 전락한다.

세 가지 관계의 왜곡 및 상품화는 소비사회 자본의 영향력 확대와 이익으로 이어진다. 철학자 다니로베르 뒤푸르가 지적한 바와 같이, 자본주의는 지구 한계점까지 자기 영토를 밀고 나가는 한편, 아래로도 파고들어 가 개인의 사적 대상을 시장상품으로 만들어 자신의 영토를 확장한다. 자본주의 체제는 자본의 축적과 성장이 목적이 되는 체제이고, 이는 무한한 상품화로 진행된다. 이전에는 시장상품이 아니었던 인간 사적 관계가 시장 상품화되면서, 소비시장은 더욱 확대된다. 더 나아가 관계 왜곡으로 발생하는 부작용도 수익을 창출하는 새로운 소비시장을 형성한다. 인간의 사적 관계 왜곡으로 발생하는 공황장애, 우울증, 불면증, 스트레스, 신경장애, 질병 등은 추가로 자본의 새로운 상품 및 서비스 시장이 된다. 관계 부작용을 예방하고 치료하는 시장이 추가로 생겨난다. 심지어는 소비중독(쇼핑중독)도 하나의 치료 대상이 된다. 더구나 사소한 부작용도 과장되어 제시되기 때문에, 시장은 인위적으로 증폭되고 더욱 확대된다. 사소한 '속 쓰림'은 '위식도 역류'로, 일상의 '수줍음'은 '사회불안 장애'라는 병명으로 규정되어, 반드시 예방되고 치료되어야 하는 대상이 된다.

소비사회는 관계 부작용이 소비사회 문제를 드러내는 현상을 막기 위하여 또 다른 마술을 부린다. 부작용의 통증을 마비시킨다. 통증은 직면한 문제에 대하여 질문하고, 달리 생각하고, 거부할 수 있는 토대이다. 철학자 폴커 카이자는 "통증은 우리의 관심을 한계선으로 돌린다"라고 말한다. 우리는 통증을 통해서 나와 세상의 경계를 느끼고, 일이건 사랑이건 운동이건 내가 나 자신에게 너무 과도한 요구를 하고 있다는 사실을 깨닫는다. 우리는 통증을 느껴야만 겸손해지며 후퇴와 휴식을 허용하여 자신을 보호한다. 통증을 느끼면 인간은 자기 안으로 물러나며, 자신의 실존을 숙고한다. 아울러 통증을 느껴야만 타인 고통도 공감할 수 있다. 고통이 무엇인지 나 자신도 느끼지 못하는데, 타인 고통을 어떻게 공감하겠는가? 진화생물학적으로도 고통과 도덕은 연결된다는 사실이 증명되었다. 통증을 통해서 인간은 자연과 타인과 나 자신과 문제를 깨달을 수 있다. 통증은 느끼지 못하면 본질적 질문도, 욕망도, 요구도 할 수 없다. 따라서 근본적 문제도 해결할 수 없다.

소비사회는 자연, 타인, 자신과 관계 소외에서 발생하는 통증을 '달콤한 소비'란 거짓된 환상으로 마비시킨다. 더 많은 달콤한 소비, 가령 더 많은 쇼핑을 하면 당신의 스트레스와 우울증이 사라진다고 말한다. 몸의 부작용도 '현대의학'의 소비, 즉 인위적 '마비'와 '각성' 효과 그리고 '기능의 교체'로 관리되고 사라진다고 말한다. 소비사회라는 '멋진 신세계'에서 더 많은 소비로, 더 많이 삶은 달콤해지고, 더 많이 건강해진다고 말한다. 하지만 더 많은 물질적 소비는 관계 소외와 부작용을 줄일 수 없고, 오히려 더 악화시킨다. 그 부작용은 물질적 소비 의존에서 비롯된 결과이기 때문이다. 가령 부와 소비 경쟁으로 타인과 관계가 악화되면서 비롯된 스트레스와 우울증을, 소비사회는 더 많은 즐거운 쇼핑과 신경치료 약품으로 해결할 수 있다고 한다. 하지만 이런 방법은 타인과 관계 악화를 해결하기는커녕 더욱 악화시킨다. 타인과 관계 악화의 본질적 원인을 깨닫지 못하게 하고, 근원적 문제 해결을 할 수 없게 하기 때문이다. (소비의 악순환) 더 나아가 더 많은 소비는 억압을 무감각하게 하고, 자발적 복종을 하게 만든다. 여기에서 20세기형 소외를 넘어선, 소비사회의 21세기형 '통증 없는 무감각한 소외'가 완성된다. 우리 몸과 마음에 통증이라는 '거부의 감각과 언어', 즉 '면역기능'이 사라진다. 가령 링에서 권투선수가 상대 선수에게 계속 맞으면, 점차 통증은 줄어들고, 극단적으로는 통증을 느낄 수 없는 상태로 되는 경우와 유사하다. 또는 외부적 치료 약에만 의존하여 몸의 자율적 면역기능이 사라지는 경우와 같다. 결국, 인간은 소외되면서도 소외된 통증을 느낄 수 없고, 몸과 마음이 더 버틸 수 없는 어느 순간에 무너진다. 마치 암세포가 몸에 퍼져 가는데 진통제와 마취제로 고통을 느끼지 못하다가, 어느 순간에 몸이 버틸 수 없는 만큼 암세포가 퍼지면 몸이 무너지는 과정과 같다. 소비기계 인간은 소비사회 '시스템의 운용'을 위하여 통증 없이 작동되다가, 어느 순간 쓸모가 없거나 고장이 나면 버려지거나 교체된다. 2014년 세월호에서 수백 명 아이들이 공포와 통증의 언어를 거부당하고, '가만있으라'는 통제의 언어에 의해 비참히 목숨을 잃은 상황처럼, 우리는 소비사회에서 통증과 면역의 기능을 잃고 몸과 마음이 침몰하고 있다. 이처럼 소비의 왜곡은 인간실존의 왜곡을 낳는다. 막스 베버는 "엄청난 문화 발전의 최종 단계에서 기계화된 화석인간이 나타날지도 모른다. 화석인간은 정신이 없고 감정이 없는 육욕주의자이다"라고 말한다.

나의 포구

술을 마시면
통증은 안주가 된다

노래 부르면
슬픔은 악기가 된다

비를 맞으면
젖은 달은 우산이 된다

홀로
포구에 스러지면
추억은 바람이 되리

– 이종희 시집《슬픔의 사계》에서

제2장

시장실패

소비사회는 시장실패로 번창한다

소비의 영웅들

소비는 미덕으로 변신하였다. 투자가 아닌 저축은 악덕으로 전락하였다. (거시경제학 거두인 케인스는 "소비는 미덕, 저축은 악덕"이라는 유명한 말을 남겼다) 21세기 자본주의가 무너지지 않게 떠받치는 기둥은 생산이 아닌 소비이기 때문이다. 산업자본주의에서 소비자본주의 사회로 변화되었기 때문이다. 따라서 소비자본주의 사회의 영웅은 생산이 아닌, 소비 활동과 관련된다. 장 보르디야르는 경제적 풍요를 누리는 선진 자본주의 사회에서 '생산의 영웅'에 대한 찬가는 '소비의 영웅'에 대한 찬가로 대체되었다고 말한다. 창업자, 개척자, 과학자, 발명가, 기술자, CEO 등 생산 활동에 관련된 인물이 아닌 예능, 스포츠, 요리, 패션, 문화 등 소비 활동과 관련된 인물이 소비사회의 영웅이 된다. 실제 오늘날 대중이 열광하는 스타는 대개 이런 소비 분야에서 나온다. 어떻게 생산하는지가 아닌, 어떻게 소비하는지가 중요해졌다. 하지만 19세기까지만 해도 소비는 부정적 함축성만 지녔다. 영어 '소비

(Consumption)'의 어원은 파괴하다, 약탈한다, 낭비한다, 소모한다는 의미였다. 소비는 귀중한 자원을 낭비하는 악덕으로 간주되었다.

막스 베버는 《프로테스탄티즘 윤리와 자본주의 정신》에서 다음과 같이 지적한다. "금욕과 신을 위한 근면 그리고 재산 축적은 초기 산업자본주의 노동윤리였다. 과거 청교도 시대에는 합리화 열기와 절약의 미덕 속에서, 낭비와 담을 쌓고 살아왔다. 낭비로 비치는 모든 대상이 악의에 찬 시선으로 처벌되었다. 자원을 낭비하는 사람은 악인으로 치부되었다." 동양 전통사회에서도 과도하고 낭비적 소비는 사람들에게 지탄의 대상이 되었다. 따라서 소비가 악덕에서 미덕으로 변화된 건, 산업자본주의에서 소비자본주의로 바뀌는 과정에서 발생한 극적인 20세기 현상이다. 가령 부자의 사치적이고 낭비적 소비는 예전에는 동·서양을 불문하고 도덕적 지탄을 받았지만, 소비자본주의 사회에서는 비난받지 않는다. 실례로 부호의 초고가의 자동차 구매나 초호화 결혼식은, 이제는 도덕적으로 비난받지 않는다. (오히려 부자의 사치스러운 소비는 경제적 낙수효과로 인해 칭송받는다) 이 변화는 자본주의의 생산력 발전에 따라 불가피하게 초래된 결과였다.

원시 공동사회는 생산과 소비 활동이 평등하고 일체화된 사회였다. 공동으로 사냥과 채집하여 구성원 모두가 대개 같이 소비하였다. 아마존 원시 부족에는 이런 모습이 여전히 남아 있다. 이후 고대와 중세에는 정착 생활이 시작되고, 농업 생산력이 증대되면서 소비의 차별화 시대가 열린다. 지배층이 증대된 생산물을 착취 및 축적하면서 사회 계급제가 만들어졌고, 지배계급은 특권계급으로서 평민계급과 구별 짓기를 위해 과시소비를 하게 되었다. 하지만 대다수 사회 구성원인 평민까지 풍족하게 소비할 수 있는 만큼 생산물이 증대되지 않았기 때문에 소비는 통제될 수밖에 없었다.

근대 자본주의 시대가 되면서 과학기술의 발전으로 공장 대량생산 기계를 이용하여 생산력이 급격히 높아졌다. 산업자본주의 대량생산 시대가 열렸다. 하지만 산업혁명 초기에는 사회자원이 소비로 낭비되기보다는, 투자로 더욱더 생산력을 높이는 일이 시급하였다. 그래서 막스 베버가 지적하듯, 낭비적 소비를 없애고 금욕적 생활을 하는 자세가 사회 미덕으로 간주되었다. 대량생산된 상품의 소비는 문제가 되지 않았다. "공급은 스스로 자신의 수요를 창출한다"는 세이(J. B. Say) 법칙이 의심의 여지없이 받아들여졌다. 여전히 생산량이 수요량보다 적은 생산자 우위 시장에서, 생산물 판매는 중요한 문제가 아니었다.

그런데 20세기에 접어들면서 소비의 중요성이 부각되었다. 자본주의 산업 생산력이 급속히 높아지면서, 생산량이 기존 소비 수요량을 초과하기 시작하였기 때문이다. 이제는 초과 생산된 상품을 팔기 위하여, 소비 수요를 증대시킬 필요가 생겼다. 이 변화의 대표적 사례가 포디즘(Fordism)이다. 20세기 초반 포드자동차 창업자 포드는 자동차 생산 과정에 컨베이어 조립라인을 도입하여, 생산성을 획기적으로 높이고 모델T 자동차 판매 가격을 크게 낮추었다. 1908년 한 해 동안 포드자동차는 모델T 자동차를 10,607대 생산하여 한 대당 850달러에 판매했다. 그런데 1913년부터 컨베이어 조립라인을 도입하여, 1916년에는 730,041대를 생산하여 한 대당 360달러에 판매할 수 있었다. 1908년에는 자동차는 일부 부유층의 사치품이었지만, 1916년에는 대중에게도 판매해야 하는 대량생산 상품이 되었다. 포드는 공장 노동자 임금을 획기적으로 올려, 노동자가 자신들이 만든 자동차를 구매할 수 있게 하였다.

이제는 벤야민이 지적하듯, 노동자가 상품뿐만 아니라 소비를 생산하는 구조가 되었다. 노동자는 그들이 생산한 상품을 구매하여 소비해야 할 역할까지 떠맡게 되었다. 부유층 소비만으로는 대량생산된 상품을 다 소비할 수 없기 때문이다. 경제학자도 소비에 관심을 가지게 되었고, 경제학의 새로운 하위 분야인 '소비경제학'이 1920년대에 나타났다. (소비 부족으로 미국 대공황이 발생하였고, 여기서 비롯된 거시경제학은 소비 문제를 국가 정책으로 해결하기 위하여 만들어졌다) 자동차를 만드는 일보다 파는 일이 더 어렵게 되었을 때야, 비로소 인간 자체가 경제학의 연구 대상이 되었다. 기업활동의 주변적 역할을 해 온 마케팅도 새롭게 중요성을 띠기 시작했고, 사회에서는 생산자 우선 문화가 소비자 우선 문화로 바뀌기 시작하였다. 미국의 역사가인 알렌이 지적하듯, 기업은 예전 어느 때보다 최종 소비자의 중요성을 인식하기 시작하였다. 이제는 소비자가 더 많이 소비하지 않는다면, 수많은 상품이 공장 창고에 쌓여 있을 수밖에 없는 시대가 되었다.

20세기 전반의 두 차례에 걸친 세계대전은 자본주의 대량생산 능력을 더욱 높이는 계기가 되었다. 이후 자본주의와 공산주의의 산업 생산성 경쟁 과정에서도 과학과 생산기술이 급속히 발전하였다. 식량은 산술적으로 증가하지만, 인구는 기하급수적으로 증가하여, 식량 부족 사태가 도래한다는 맬서스의 인구론은 반대로 나타났다. 인구는 산술적으로 증가하였고, 생산을 위한 과학기술은 가속적으로 발전하였다. 산업 생산성이 증대된 선진국은 자유무역*으로, 자국의 초과 생산된 상품을 타국의 소비자에게 판매하기 위하여 혈안이 되었다. 새로운 소비시장 개척이 절실히 필요해졌다.

20세기 후반부터 자본주의는 산업자본주의에서 소비자본주의로 체질적으로 변화하였다. 이제는 생산보다도 소비가 기업과 자본의 생존 필수조건이자 최대 관심사가 되었다. 소비가 충분치 않으면 경제는 불황에 빠지고, 자본과 기업은 생산된 상품을 팔 수 없어 파산할 수밖에 없기 때문이다. 이와 함께 경제신문 지면은 생산보다는 소비 관련된 기사로 채워졌다. 이 소비자본주의 필요에 따라 소비사회가 만들어졌다. 소비자본주의는 과다 생산된 상품을 해소하기 위하여, 소비를 사회 미덕으로 칭송하고, 소비자를 과소비와 과시소비에 몰두하도록 만들었다. 소비의 영웅들을 만들어 내고, 소비자의 소비 욕구를 끝없이 자극하여 더 많은 소비를 하도록 내몰았다.

산업자본주의를 유지 및 성장시킨 노동윤리("일하지 않는 자, 먹지도 말라"는, 즉 모든 사람은 노동할 신성한 의무가 있다는 윤리)는 소비자본주의에서는 중요성이 줄어들었다. 법정 노동시간은 꾸준히 줄고 있고, 임금이 지속적으로 상승하는 생산성이 고도화된 소비자본주의에서는, 더 적은 노동력 투입이 곧 자본의 경쟁력이 되기 때문이다. 산업자본주의를 뒷받침한 노동윤리 역할은, 소비자본주의에서는 소비윤리로 대체되었다. 이제는 자본주의를 유지 및 발전시키는 동력이 노동윤리가 아니라 소비윤리가 되었다. 이에 따라 산업자본주의가 노동윤리를 강요했듯, 소비자본주의는 소비지상주의 윤리(물질적 소비와 만족이 최고 가치라는 윤리)를 모든 사람에게 강요한다. 하지만 두 윤리 성격이 다르기 때문에, 강요 방식은 달라진다. 노동을 고용계약으

76

로 강요하듯 소비를 소비계약으로 강요할 수 없기 때문에, 사회경제적 제도와 영향력을 동원하여 소비자가 '스스로' 더 많은 소비를 하도록 만들었다. (〈강요된 소비〉 편 참조) 하지만 자본이 소비자가 소비하도록 보이지 않는 손으로 '강요'한다는 측면에서, 생산 노동과 동일하게 소비는 또 하나의 사회적 노동, 즉 소비 노동이 된다. 자본은 자신의 생존과 이익을 위하여 소비자에게 소비 노동을 강요한다.

소비자본주의에서는 개인의 쾌락이 인간 행위의 근본적 동기이자 궁극적 목적이라고 간주한다. '쾌락주의(Hedonism)'가 소비자본주의의 철학적 토대가 된다. 불확실하고 불안정한 세계에서 유일하게 쾌락과 행복을 선사하는 게 소비라고 믿게 한다. 풍족한 소비가 당신을 자유롭고 행복하게 한다고 끝없이 속삭이고 유혹하여, 소비자가 자발적으로 소비 노역을 하게 한다. 아울러 과다 생산된 상품을 끊임없이 신속하게 소화해 나가는 일이, 소비사회 시민의 의무이자 미덕 그리고 존재 가치가 되었다. 소비자는 끊임없이 '소비 주도의 경제 회복과 발전'에 동참하여야 한다. 산업자본주의에서 자본이 노동자의 노동력을 착취하여 생존하고 번창하였듯, 소비자본주의에서 자본은 소비자의 소비력을 끝없이 착취하면서 생존하고 번창한다.

* 자본제국주의

자본제국주의는 자본의 이익을 목적으로 하는 제국주의이다. 따라서 자본의 이익에 따라 제국주의 방향과 성격이 변화되었다. 초기 자본제국주의에서는 자본의 이익이 생산 측면에 집중되었다. 경제개발이 뒤처진 약소국을 무력으로 식민지하여, 저렴한 노동력과 자원을 착취하는 게, 자본이 이익을 얻는 주된 방식이었다. 하지만 식민지를 확대하기 위한 강대국들의 경쟁은, 두 차례에 걸친 세계대전을 불러일으켰다. 또한 식민지 민중의 대대적인 저항은 무력적 침략과 통제에 더 큰 비용이 들게 했다. 그러나 무엇보다도 자본의 이익 창출 방향이 바뀌었다. 이제는 자유무역으로 상품 소비시장을 확대하고, 세계 경제를 통합하여 약소국의 저렴한 노동력과 자원을 착취하는 게, 더 손쉽고 중요한 자본의 이익 창출 방식이 되었다. 이후 산업자본주의가 소비자본주의로 변화되면서, 타국의 소비시장 개방이 더 중요해졌고, 상품시장뿐만 아니라 그 외 시장들(서비스, 금융, 외환, 기술, 문화 시장 등) 개방이 더욱더 필요해졌다. 이런 자본 이익 창출 방식의 변화에 따라, 자본제국주의는 '신자유주의'라는 명분과 허울을 씌고 경제통합과 시장개방을 추구하였다. 하지만 신자유주의 세계 경제 구조하에서 약소국은 선진국에 의한 생산 하청 구조와 소비상품 의존도로 인하여, 빈곤의 악순환을 벗어나기가 더 어렵게 되었다.

나목(裸木)

대웅전 섬돌을 휘돌고 나온 삭풍에
월정사 돌배나무
더 비울 몸이 없다고 고개 젓는 날

그 된바람 한 점 떼어
입에 넣고 오물거려 붉은 심장에 밀어 넣는다

섶나무 쌓인 아랫마을 국밥집에 간다
소주잔에 된바람 조각이 흘러내려 서걱댄다

아, 바람의 빙판길이 미끄럽다
자꾸 미끄럽다

- 이종희 시집《슬픔의 사계》에서

강요된 소비

9.11테러에 충격을 받아 넋을 잃은 미국인에게, 당시 부시 대통령이 보낸 첫 메시지는 "다시 평상시처럼 쇼핑하는 일로 되돌아가라"는 말이었다. 이 언급은 21세기 자본주의를 유지하고 성장시키는 엔진이 생산이 아니라 소비라는 사실을 잘 보여 준다. 이 소비 엔진을 원활히 작동시키기 위해서는 '소비지상주의 윤리'라는 윤활유가 필요하다. 유발 하라리는 《사피엔스》에서 다음과 같이 말한다. "자본주의 윤리와 소비지상주의 윤리는 동전의 양면이다. 이 동전에는 두 계율이 새겨져 있다. 부자의 계율은 '투자하라'이고, 나머지 사람 모두의 계율은 '구매하라'이다." 소비지상주의 윤리는 소비사회의 보이지 않는 손으로 만들어지고, 사회경제적으로 소비자에게 내재화된다.

소비자는 구매 순간에 구매할지 여부를 오로지 본인의 완전한 자유 의지로 선택한다고 믿지만 많은 경우 그렇지 않다. 소비 욕구는 외관상 선택의 자유에 근거를 둔다는 점에서 '생리적 욕구'와 다르며, 그러므로 임의로 조작될 수 있다. A와 B상품 중 하나의 선택 또는 구매와 불구매 중 하나의 결정에는, 외부 요인이 스며들어 영향을 미칠 수 있는 빈 곳이 존재한다. 소비자본주의는 이 빈 곳을 파고들어 소비자 결정에 영향을 미친다. 그런데 외부 영향력에 의한 선택도 소비자는 자신의 자유로운 결정이라고 믿는다. 하지만 칼을 든 강도의 협박을 받아 스스로 지갑을 열어 돈을 건네는 행위를, 본인의 자유로운 선택 의지에 따르는 행위로 볼 수 없다. 다만 소비자본주의는 강도처럼 눈에 보이는 칼이 아닌, 보이지 않는 사회경제적 영향력을 동원하여, 소비자가 스스로 지갑을 열어 구매하도록 할 뿐이다. 소비자본주의는 소비자의 소비 욕구를 왜곡 확대하고, 살 수밖에 없는 상황을 만들어 소비자가 구매하게 만든다. 게다가 소비자본주의는 소비자가 자신의 자유로운 의지로 구매하였다고 믿게 만드는 데 대개 성공한다. 소비사회 구조가 소비자를 그렇게 믿게 만들고, 믿는 건 실제로 여겨진다. 이런 소비자의 소비 욕구는 관계적이고, 의존적이고, 반복적인 사회경제적 학습화 결과로 만들어진다.

광고는 소비자의 소비 욕구를 조장하는 보이지 않는 손의 첨병이다. 광고의 기본적 주장은 "이것을 구매하여, 즉시 행복해져라"이다. 광고에는 신상품 구매는 경쟁에서 승리이고 행복이 만들어진다는 기호가 숨겨져 있다. 하지만 광고는 소비자에게 행복과 만족을 주기 위한 선물처럼 꾸며지지만, 실제는 광고 기업 이익을 위하여 은밀히 소비자를 유혹하고 구매하도록 방향을 바꾸는 기능을 한다. 광고는 소비사회의 잉여 생산물이 발생할 때, 그 잉여를 소비시켜 사라지게 하는 마술과 같다. (잉여 생산물이 없다면 광고도 존재 가치가 없다) 소비자 욕망을 파고들어 욕망을 자극, 왜곡, 마비시켜 결국은 소비자가 구매하도록 만드는 마술이다. 예로 다이아몬드는 보석이라는 사실 이외에는 쓸모가 없는 '희소한' 돌덩어리이다. 누군가에게 선물로 줄 수 있다는 게 다이아몬드가 지닌 유일한 가치이다. 그런데 20세기 초에 광고업자는 다이아몬드 채굴업자의 광고 의뢰를 받아, 궁리 끝에 '다이아몬드는 영원한 사랑을 상징한다'라는 관념을 만들어 반복적으로 소비자에게 광고하였다. 이후 광고업자에 의해 만들어지고 성공적으로 홍보된 이 관념으로 다이아몬드는 많은 여자가 받고 싶은, 따라서 남자들이 구매해야 할 사치품이 되었다. 동일한 방식으로 골프는 상류층 사교를 상징하고, 커피는 휴식이 되고, 복권은 서민의 꿈이 되었다.

또 다른 방식 예로 광고는 사람의 자연스러운 체취를 견딜 수 없는 악취로 만들어, 탈취제 상품을 구매하도록 한다. 많은 탈취제 광고에서 사람의 체취는 견디기 힘든 악취로 묘사된다. 예전에는 사람의 체취가 그다지 악취로 여겨지지 않았다. 하지만 소비사회는 탈취제 상품 판매를 늘리기 위하여 몸 냄새, 땀 냄새, 입 냄새, 식사 후 음식 냄새 등 사람의 모든 자연스러운 체취를 반드시 없애야 할 악취로 만들었다. 같은 방식으로 광고는 중고품 또는 집에서 만든 물품을 조잡하고 부끄러운 대상으로 만들고, 새롭고 비싼 시장상품을 우수하고 자랑스러운 대상으로 찬양하여, 결국 소비자가 쇼핑몰에서 신상품을 구매하도록 만든다. 이렇게 해서 새로운 물품은 우수하고, 낡은 물품은 열등하다는 신화가 만들어졌다. 자본주의 시대 이전에는 이런 신화가 거의 없었다. 또한 홍수처럼 쏟아져 나오는 신상품 광고는 소비자를 신상품 소비에 중독되게 한다. TV 드라마는 새로운 상품을 대중에게 끊임없이 노출하여, 그 자체가 하나의 정교한 광고 프로그램이 되었다. (최근에는 TV 뉴스프로그램에서도 공공연히 간접광고가 포함된다) TV 홈쇼핑에서도 당장 구매하지 않으면 손해이고, 행운과 행복해질 기회를 놓친다고 '보이지 않게 강요'하여, 결국 소비자가 구매 버튼을 누를 수밖에 없게 한다.

한편 소비사회의 금융 부채는 소비를 담보하는 강력한 경제적 장치가 되었다. 20세기에 접어들면서 금융산업은 급속히 발전하였다. 금융산업은 자본가에게는 생산에 투자할 수 있는 자금을 공급하지만, 소비자에게는 소비를 위한 자금을 공급한다. 소비 증진 필요성이 증가하면서, 금융산업은 이를 위한 다양한 금융상품을 만들어 냈다. 대표적 사례가 신용카드이다. 신용카드는 소비자가 지금 당장 주머니에 구매할 현금이 없어도 충동적으로 구매하게 한다. (외상카드가 아닌 신용카드라는 용어가 긍정적 이미지를 만들어 낸다) 특히, 많은 현금을 지닐 필요 없이 플라스틱 하나로 구매할 수 있는 편리성을 제공하여 고가의 상품 판매를 늘린다.

소비를 증가시키기 위해 금융산업은 또한 할부 및 리볼빙 결제 시스템을 만들어 냈다. 지금 살 여유가 없어도 일단 구매하여 '지금'의 욕망을 채우고, '나중'에 분할하여 원금과 고율의 이자까지 갚도록 한다. (금융산업은 소비사회에 기생하여 성장한다) 그 외에도 금융산업은 현금서비스, 카드론, 신용대출 등으로 소비자가 불확실한 미래 소득을 담보로 지금 당장 구매하여 즐기도록 한다. 금융상품은 소비 욕망에서 기다림과 절제의 미덕을 효율적으로 제거하여, 소비자를 과소비와 과시소비에 빠져들게 하는 유용한 경제적 장치가 되었다. 그리하여 지그문트 바우만 비유대로 "금융산업은 남녀노소를 불문하고, 대다수 사람을 채무자라는 인종으로 개종시키는 데 성공하였다". 하지만 모든 '나중'은 조만간 '지금'으로 바뀐다. 이때 소비자가 채무를 상환하지 못할 경우는, 금융산업은 대환대출(기존 연체 대출금을 갚는 새로운 대출)로 빚을 상환케 하여, 소비자에게 더 큰 빚이 쌓이게 만든다. 결국, 금융 부채는 불확실한 미래 삶과 소득을 담보로 잡고 선구매케 하여, 소비자를 소비사회에 끝없이 가두는 보이지 않는 창살이 된다. 게다가 도시 주택은 너무나 고가라, 소비자는 일하는 생애 동안 주택구매 대출금을 갚아야 해서, 결코 금융 부채 창살을 벗어날 수 없다.

사회·문화적 장치도 소비를 촉진하기 위하여 동원된다. 패션, 유행, 멋, 분위기 등이 그런 장치들이다. 패션은 소비자의 과시 욕구를 이용한다. 파리와 뉴욕 패션쇼에 소개되는 새로운 패션은 초기에는 상류층의 과시 욕구를 부추기지만, 이내 대중 상품화되면서 중산층의 소비 욕구를 자극한다. 중산층에게 새로운 패션 상품을 구매해야만, 사회적 품위와 체면을 지킬 수 있다는 강박감을 만든다. 벤야민은 패션은 중산층에게 폭군적 성격을 지닌다고 지적한다. 상류층 삶을 지향하는 중산층은 상류층이 택한 새로운 패션을 따를 수밖에 없기 때문이다. 새로운 패션은 대중적으로 넓게 퍼지면, 과시 효과는 이내 사라진다. 그러면 자본은 끊임없이 또 다른 새로운 패션 상품을 만들어, 유행이 지난 상품을 폐기하고, 새로운 패션 상품에 몰려가게 한다. 오늘 유행한 상품은 내일이면 철 지난 상품이 되어 관심이 사라진다. 새로운 패션에 대한 강박감은 남들에게 뒤처질 수 있다는 공포와 이어지고, 소비를 촉진하는 강력한 힘이 된다.

사회적 낙오에 대한 공포는 패션에만 그치지 않는다. 모든 유행과 최신 상품에서도 동일하게 적용된다. 유행에 민감한 사람이나 얼리 어답터(Early Adopter)는 시대를 앞서가는 선각자로 칭송되고, 유행과 멋을 따라가지 못하는 사람은 무리에서 외톨이가 된다. 유행은 새로운 상품 선취로 앞서가는 그룹에 소속감을 만들어 가면서, 동시에 뒤처짐에 대한 공포로 작동된다. 자본은 이런 욕구와 공포를 대중매체와 사회적 분위기로 끊임없이 만들어 낸다. ('인싸'와 '아싸'라는 새로운 용어는 이런 사회적 욕구와 공포를 잘 대변해 준다) 유행은 모방적 경쟁으로 대중에게까지 넓게 퍼지면, 수명을 다하고 새로운 유행이 만들어진다. 소비사회 유행 주기는 자본의 조장에 의해 갈수록 짧아진다. 소비자는 끊임없이 밀려오는 유행의 파도에 가라앉아 익사하지 않기 위해서, 끊임없이 유행의 파도타기를 해야 한다. 지난 시즌에 유행한 옷을 다시 입는 사람은 유행에 뒤처지는 낙오자로 낙인찍힌다. 2G폰을 사용하거나 스마트폰이 없는 사람은 시대 부적응자나 사회 부적격자로 간주된다. 지그문트 바우만은 "새롭게 구매한 상품을 점점 더 빨리 쓰레기 더미 속으로 던져 넣는 일이 경제(자본)의 주된 관심사이자, 현대인의 생존 필수요건이 되었다"고 지적한다. 기존에 구매한 상품이 아직도 쓸 만하지만, 이런 사회·문화적 분위기로 소비자는 끊임없이 최신 상품을 살 수밖에 없다. 실제 소비자의 스마트폰 교체 주기는 갈수록 빨라진다. 결국, 그들은 최신 모델 증후군 희생자가 된다.

'분위기'도 소비자의 소비 욕구를 자극하고 촉진하는 교묘한 마술이다. 분위기는 어떤 대상 또는 그 주변에서 풍겨 나오는 느낌으로 정의된다. 분위기는 소비사회 특유의 관념이다. 소비사회에서 분위기는 소비 대상을 실제보다 매력적이거나, 아름답거나, 우아하거나, 부유하거나, 고급스럽거나 등으로 만드는 마법이다. 분위기는 닿을 듯 말 듯, 어느 정도 거리감이 필요하다. 거리감이 없으면 대상의 실체를 있는 그대로 볼 수 있기 때문이다. 거리감은 투명도 불투명도 아닌 반투명의 효과를 자아내면서, 안개 같은 신비감과 호기심 그리고 상상력을 자극한다. 따라서 욕망의 대상이 파스타 한 접시건 타인 몸이건, 즐기고 싶으면 여유와 거리감을 가지고 완벽한 매력을 발산할 수 있는 분위기를 연출해야 한다. 더 나아가 분위기는 소비 대상의 소비를 촉진하기도 하지만, 분위기 자체가 소비상품이 되기도 한다. 스타벅스의 비싼 커피 가격에는 고급 취향이라는 분위기에 대한 가격이 포함된다.

지난달 말, 디올의 서울 청담동 매장 5층에 프랑스 마카롱 장인 피에르 에르메의 '디올 카페'가 문을 열었다. 이곳 아메리카노 한 잔 값은 1만9000원. 가장 싼 에스프레소도 한 잔에 1만6000원이다. 세계에서 가장 비싸다는 서울의 호텔 평균 커피 가격을 훌쩍 웃도는 수준이다. 미각이 둔해서인지, 늘 마시는 회사 1층 카페의 값싼 커피 맛보다 얼마나 더 좋은지 솔직히 가늠할 수 없었다. 다만 프리츠커상을 받은 프랑스 건축가 크리스티앙 드 포잠박과 인테리어 디자이너 피터 마리노가 설계한 카페에 앉아, 영어로 메뉴를 설명하는 프랑스인 웨이터의 서빙을 받는 건, 분명 다른 곳에선 하기 어려운 경험이었다. 단순한 기호품을 넘어 커피를 매개로 시간과 공간을 사는 경험이기 때문이다. 바로 이 점이 욕먹으면서도 비싼 커피가 계

소비사회

속 존재하는 이유가 아닌가 싶다.

－ 중앙일보, 2015.07.07. 기사

분위기는 소비를 촉진하기 위하여 상업적으로 그리고 사회·문화적으로 만들어지고 유통된다. 스포츠카는 절대로 교통 정체에 시달릴 것 같지 않은 분위기를 만들어 팔고, 선글라스는 차분하고 초연하다는 신비감을 소비하게 한다. 고급 호텔 레스토랑은 '고급'과 '부자'라는 분위기를 판다. 분위기는 TV, 영화, 소설, 광고, 소셜 미디어 등으로 사회·문화적으로 생산되고 유통된다. 실제가 아닌 허위에 기반한 분위기와 이미지에 사회·문화적으로 중독되면서, 소비자는 분위기에 끌려 더 많은 상품과 서비스를 구매한다. 전문가가 제공하는 상품과 서비스에 대한 환상도 유사하다. 가령 실제적 맛의 차이가 없어도 고급 호텔 요리사의 음식은, 고급지고 맛이 훌륭하다는 환상이 앞서 만들어진다. 미쉘린 가이드에 소개되는 곳도 세계적 전문가가 인정한 맛 좋은 식당이라는 환상이 먼저 만들어진다. 이반 일리치는 《전문가들의 사회》에서 전문가가 제공하는 상품과 서비스를 구매할 때, 욕구가 더 잘 충족될 수 있다는 환상이 만들어진다고 지적한다. 이 환상으로 자본과 전문가의 이윤을 위한, 전문가가 제공하는 막대한 소비시장이 만들어진다. 그래서 예전에는 당사자 간에 해결하던 사소한 분쟁도 법률시장에서 해결하게 되고, 가정에서 치료하던 가벼운 상처나 질병도 의료시장에서 치료받게 된다.

그 외에도 소비사회의 기업은 판매를 증진하기 위하여, 많은 마케팅 장치를 만들어 낸다. 최근에는 AI와 빅데이터 기술을 활용하여 개인별

맞춤 소비를 늘리고 있다. 묶음 판매(세트 메뉴, 1+1 판매 등), 교차 판매(Cross Selling) 등 마케팅 기법을 이용하여 불필요한 상품도 묶어서 판매를 증가시키고 있다. 이미 1960년 체틀러 출판사의 《소비주의》 책에는 소비를 증대시키기 위한 9가지 마케팅 방법이 소개되었다.

1. 같은 물건도 여러 개 또는 여러 종류로 팔기 ('넥타이 하나 만으로는 부족해')
2. '한 번 쓰고 버리기' 만들기
3. 끊임없는 신상품 개발
4. 의도된 상품 노화 프로그램
5. 모델 교환 전술 (구형 모델은 수리해 주지 않는다)
6. 복잡한 시스템 (상품이 너무 복잡하여, 그 복잡성을 해결해 주는 새로운 상품이 필요하게 만드는 것)
7. '돈이 없어도 돼' 시스템 (신용카드 · 할부 · 대출)
8. '지금 인생을 즐겨라'는 구호
9. '어른이 싫어하면, 아이에게 팔아라' 원칙 (어린이 시장)

자본주의는 소비자의 소비 욕구 기저 측면에서도 소비자가 더 많은 소비를 하도록 강요한다. 그것은 소비자의 과시소비 경쟁을 부추기는 것이다. 광고, 영화, 드라마, 소셜 미디어 등 사회 · 문화적 장치로, 과시소비 경쟁을 조장하고 내면화시킨다. 남들이 살 수 없는 고가의 집 · 자동차 · 옷 등을 구매하여 과시하면, 남들 인정과 존경을 받을 뿐만 아니라, 즐거움과 행복을 누릴 수 있다고 믿게 한다. 고가의 브랜드 상품이나 명품을 사면, 나의 우울증과 스트레스 그리고 불행은 사라진다는 생각을 내면화시킨다. 기업은 소비자 차별화 전략으로도 과시소비 경쟁을 부추긴다. 가령 VIP 고객에게는 특별한 대우를 해 주어 그들의 과시소비를 늘리고, 중산층이 그런 대우를 받기 위하여 과시소비를 따라 하게 한다. 그 외에도 '품위 유지'라는 사회적 분위기도 만들어 보이지 않게 유통시킨다. 예로 한국 사회에서는 동네 야산에 등산할 때도, 브랜드 등산복을 입어야만 품위 유지와 체면이 선다는 사회적 분위기가 유통된다. 하지만 과시소비를 통한 만족감은 일시적이며, 소비자는 쾌락의 쳇바퀴에 빠져 끊임없이 더 많은 과시소비 경쟁에 매달릴 수밖에 없다. 과시소비 경쟁에 빠져들면, 그 굴레를 벗어나기는 쉽지 않다. 물건이 필요해서 구매하기보다는, 남에게 보여 주기 위하여 사게 되고, 끊임없이 새롭고 더 비싼 상품에 집착하기 때문이다. (모든 중독성은 구속과 강요를 기반한다)

소비사회의 조장과 강요로 소비지상주의는 하나의 지상명령이 되었다. 이 지상명령은 다시 다른 모든 가치를 평가하고 서열을 정하는 가치, 즉 메타가치(Meta-value)가 된다. 삶의 모든 요소와 목표는 더 많은 부와 과시소비를 달성하기 위한 측면에서 가치가 평가된다. 진보와 보수를 불문하고, 모든 정치인은 소비를 증진하는 게 나라 경제를 살리는 길이라고 주장한다. 소비를 진작시키는 각종 정부 정책은 끝없이 시행된다. 그리하여 소비지상주의는 소비자본주의 왕국의 국교가 되고, 쇼핑몰은 성지가 된다. 소비자는 쇼핑 목록이라는 기도문을 들고 끝없이 쇼핑몰을 순례하여야 한다. 소비자는 수많은 새로운 상품이 전시된 쇼핑몰에 들어서면, 황홀경에 빠져 이성과 지갑은 이내 무장 해제당하고, 생각지도 않은 상품까지 충동적으로 구매한다. 마치 성지 순례자가 황홀경에 빠져 자신도 모르게 성지 건축 헌금을 내는 경우와 같다. 반면 순례에 참여할 수 없는 가난한 자는 저주받을 이교도이자 파문자가 된다.

자본은 다양한 사회·경제·문화적 장치를 만들고 조작하여, 소비지상주의를 소비자의 욕구와 가치관에 뿌리 깊게 내면화한다. 소비시장 확대를 위하여 사회 모든 기능이 동원된다. 들뢰즈와 가타리는 자본주의의 이런 기능을 '반생산'이라고 부른다. 반생산은 '항상 지나치게 많은 곳에서, 부족함을 만들어 내는 일'을 담당한다. 일종의 부족함과 소비를 생산하는 기능이다. 소비자의 부족함을 끊임없이 재생산하여 끝없이 소비하게 한다. 사람들이 이전에는 원하지 않았던 상품을 '원하는 대상'으로 만들기 위해서는, 끊임없이 '부족한 또는 만족하지 못한' 소비자를 만들어야 하기 때문이다. (현대인이 구매하는 많은 상품은, 20세기 이전에는 존재하지도 않았던 물건들이었다) 소비자의 새로운 상품에 대한 욕구를 끝없이 창출하며, 희소하지 않은 대상조차 희소성을 만들어 내며, 불필요한 대상도 필요성을 과대 포장하여 주입한다. 제레미 시브룩이 지적하듯, 소비사회의 비밀은 '불충분하다는 인위적이고 주관적 의식을 만들어' 내는 데 있다. '소비자가 지금 가진 것에 만족한다고 선언하는 상황'보다 소비사회에 더 위협적인 일이 없다.

생산 측면에서 노동자는 기계와 로봇으로 대체할 수 있지만, 오늘날 대체할 수 없는 건 소비자이다. 그런데 소비자는 자본의 생존을 위하여, 더 많이 소비하도록 욕구 조작과 강요를 당한다. 소비자는 진정으로 본인이 원해서가 아니라, 어쩔 수 없이 하는 '소비 노동'을 한다. 소비자가 소비지상주의를 거부할 수 없는 사회·경제·문화적 환경이 만들어졌다. 소비자에게는 스스로 판단하고 선택할 자유 대신에, '부유한 노예'가 되어 소비지상주의를 수용하고 구매할 자유만이 주어진다. 마치 공장 생산방식의 좁은 양계장에서 다른 자유를 잃고, 오로지 먹을 자유만을 강요당하는 닭과 같다. 다른 삶을 위한 선택 기회는 박탈당하고, 생존하기 위해서는 강요된 소비 방식을 '스스로 선택'할 수밖에 없다. 마르쿠제는 《일차원적 인간》에서 소비사회의 '욕구 조작'에 의해, 인간은 물질적 풍요와 쾌락을 얻는 대가로 인간의 존엄성, 자유, 자율성을 상실하였다고 주장한다.

소비자본주의의 적(敵)

아이러니하게도 21세기 소비자본주의 최대 적은 가난한 자가 아니라 부자이다. 그들은 자신이 다 소비할 수도 없는 만큼 부를 지속적으로 축적한다. 자신 및 후손의 안전과 풍요를 위하여, 또는 더 많은 부 축적 자체가 목적이 되어 부를 쌓아 놓는다. 그런데 부자의 축적된 부는 소비나 투자로 소비자본주의를 발전시키기보다는, 부동산이나 금융자산으로 고정되면서 소비자본주의 유지 기반을 해친다. 그들에게 부동산과 금융자산은 사업 실패 위험과 사업 운영의 번거로움이 따르지 않고, 손쉽게 단기간에 높은 수익을 취할 수 있는 황금알을 낳은 거위이다. 이처럼 21세기 자본주의는 기업가가 아닌 돈이 돈을 버는 자본주의로 변화하였고, 이 추세는 부의 불평등을 확대해, 일반 소비자의 소비력을 더욱 감소시킨다. 줄어든 소비력은 경제불황을 초래하고, 지속적 경제발전을 어렵게 한다. 따라서 더 많은 재산세와 상속세 부과로 부자의 소비되지 않는 부를, 소비력이 부족한 빈민층에 나누어 소비시킨다면, 오히려 소비자본주의 경제를 발전시킬 수 있다. (이것이 기본소득제의 경제학적 근거가 된다) 이미 케인스는 1936년에 높은 저축률을 보이는 부유층에서 높은 소비율을 보이는 서민층으로 재원을 이전한다면, 산업 발전에 필요한 내수 시장의 구매력 향상에 기여할 수 있다고 보았다. 이는 부의 불평등과 사회 계급화 갈등을 완화할 수도 있다.

돌다리

새봄 오면
개울에 연연한
돌다리 놓으리라

개울물도
쉬어 가고

버들치도
기대어 살라고

그 겨울
차마 보내드린 당신도
딛고 오라고

- 이종희 시집《슬픔의 사계》에서

'차이'에 대한 욕망

고전 경제학의 주된 목표는 '희소한 자원'을 가장 효율적으로 배분하는 방식을 찾는 것이었다. 가장 적은 비용으로 가장 큰 효용을 만들어 내는 게 고전 경제학자들의 주된 관심사였다. 그들이 내린 결론은 애덤 스미스가 주장하는 '보이지 않는 손'이 희소한 자원의 수요·공급을 일치시켜, 효용이 극대화되는 완전경쟁 시장을 만든다는 것이다. "인간 욕구는 무한하고, 자원은 희소하다"라는 전제에서 출발한 고전 경제학은, 희소한 자원의 시장 교환으로 인간의 필요를 최대한 충족시킬 수 있다는 결론에 이른다. 하지만 산업 생산성이 급속히 발전하여, 현대사회에서는 '희소한 자원의 분배'보다는, '과잉 생산물의 해소(소비)'가 해결할 주된 문제가 되었다. 21세기는 소비자본주의 시대가 된 것이다. 소비자의 '소비 원칙'이 공급자의 '희소성 원칙'보다 더 중요한 시대가 되었다. 기존 경제학에서는 세이(J. B. Say) 법칙에 따라 공급은 수요를 스스로 창출한다고 보았다. 생산만 하면 생산물에 대한 수요는 자동으로 창출된다는 것이다. 생산자는 생산을 통하여 벌어들인 소득을, 결국 소비자로서 지출한다고 보기 때문이다. 하지만 현대 자본주의에서는 생산을 통해 획득한 부는, 축적 과정을 거치기 때문에 곧바로 소비로 이어지지 않는다. 축적된 부가 더 많은 부(불로소득)을 창출하면서, 부 축적 자체가 목표가 되고, 부자들은 자신들이 소비할 수도 없을 만큼 부를 끝없이 쌓아 놓기 때문이다. 한편 기존 경제학에서는 소비는 대체로 공급가격에 따라서 반응한다고 보았다. 공급가격이 오르면 수요는 줄고, 공급가격이 내리면 수요는 늘어난다는 것이다. 하지만 현대 소비사회에서는 공급은 넘쳐나고, 소비자는 공급가격에 따라서 구매를 결정하지 않는다. 소비자가 구매를 할 때 가격만 보고 결정한다는 논리는 추상적이고 비현실적이다. 소비자가 시장에서 구매를 결정하는 이유를 파악하기 위해서는, 소비자가 가진 실제적 심리 및 소비 패턴 분석이 필요하다.

소비자가 상품을 구매하는 이유는 효용을 얻기 위해서이다. 기존 경제학에서는 소비자 효용에서 주된 가치는 사용가치이고, 그 외 가치는 부차적인 '논증할 수 없는' 가치였다. 하지만 소비사회에서 생필품을 제외한 대부분의 상품 교환가치(가격)는 사용가치를 넘어선다. 사용가치도 여전히 기초 가치이지만, 이제는 이에 더해지는 그 외 가치가 소비의 주된 목적(효용)이 된다. 소비자가 소비로 얻고자 하는 가치, 즉 소비가치는 세 가지 가치로 구성된다. '사용가치', '과시가치', '개인가치'이다. 아래에서는 세 가치가 소비사회에서 어떻게 변화되었는지 살펴보고자 한다.

우선 '사용가치'는 생산량이 부족할 경우나, 소비할 소득이 낮은 경우 주된 소비가치이다. 사용가치는 인간의 욕망과 필요성을 충족시키는 상품 고유한 속성이다. 사용가치는 상품 자체가 가지고 있는 물리적 특성에서 비롯된다. 예컨대 쌀이라는 상품은 소비자에게 식량으로써, 자동차는 이동 수단으로써 사용가치가 있다. 20세기 이전까지는 인류는 주로 상품 '사용가치'에 기초하여 소비하였다. 따라서 20세기 이전에 토대가 완성된 고전 경제학에서는 소비효용을 주로 사용가치로밖에 볼 수 없었다. 현재에도 산업 생산성이 충분히 발전하지 못한 국가나 지역에서는 주된 소비가치로 역할을 한다. 선진국에서도 구매력이 부족한 빈민층은, 여전히 생활필수품 위주인 사용가치 중심 소비를 한다.

그러나 현대 선진 사회에서는 '과시가치'가 소비의 주된 목적 가치로 작동된다. 기초적 생활을 위한 생필품 소비 욕구가 충족되면, '전시가치' 또는 '과시가치'가 소비자의 주된 소비 동력이 되기 때문이다. '풍족한 사회'에서는 소비자는 소비에서 상품의 필요성보다는, '차이'와 '인정' 욕구를 더 추구한다. 장 보드리야르는 《소비의 사회》에서 현대인은 상품 구매를 통해 상품 자체가 아니라, 상품이 가져다주는 '기호'를 소비한다고 주장한다. 고가의 자동차를 구매하는 이유는 이동 수단인 자동차가 필요하기보다는, 고가의 자동차가 가져다주는 차별적 지위와 사회적 인정 때문이라는 것이다. 이동 수단만 필요하다면 저렴한 자동차보다 굳이 고가의 자동차를 살 필요가 없다. 강남의 고가 아파트도 주거를 위한 사용가치보다는, 사회적 지위 가치가 더 크다. 물론 자녀 교육 이점, 쇼핑 편리성, 지역 커뮤니티 장점 등 요인도 작용하지만, 넓게 보면 이런 요인도 상류층의 사회적 지위 가치와 연결된다. 고가의 브랜드나 명품 소비도 과시가치에 기반을 둔다. 그런데 과시가치는 고가의 상품에만 적용되는 건 아니다. 가령 서민이 전통 시장에서 사는 중저가 옷도 가격이 사용가치를 넘어서면, 남에게 보여 주기 위한 과시가치 가격이 일부 포함된다. 과시가치는 심리 요인에 의해 좌우되고, 사용가치를 넘어서 타인과 차이와 사회적 지위를 추구하는 가치이기 때문이다. 슬라보예 지젝은 사용가치를 넘어서는 상품에 대한 욕망을 '잉여 가치' 또는 '잉여 쾌락'으로 간주하고, 이는 소비할수록 더 갈증이 나고 욕망은 더 커진다고 지적한다. 결국, 상품 사용가치는 사라지고 충족될 수 없는 욕망만이 남는다고 말한다.

현대 소비사회는 마르크스가 주장하는 생산수단의 소유가 아닌, 소비 방식을 통하여 계급화된다. 계급 징표가 소비 양식으로 이동하였다. 베블런이 《유한계급론》에서 주장하듯 사회적 존경을 얻고 유지하려면, 단순히 부와 권력을 소유하는 건만으로는 부족하다. 부와 권력은 과시 소비로 증거를 보여 주어야 한다. 과시 욕구는 새롭게 부를 획득한 사람이나 중산층에 더 크게 영향을 미친다. 그들은 상류층 소비를 모방하여 상류층 구성원으로 사회적 지위를 인정받고, 일반 소비자와 자신을 구별 짓고 싶은 욕구가 더 크기 때문이다. 과시가치는 과잉 생산물을 해소하기 위하여 사회·문화적으로 조장되면서, 20세기 소비사회의 핵심적 소비가치가 되었다. 사용가치에 기반한 소비를 증대하기는 한계가 있지만, 과시가치에 기반한 소비는 무한정 늘릴 수 있기 때문이다.

그런데 21세기로 접어들면서 소비에서 '개인가치'의 중요성이 높아지고 있다. 개인가치는 넓게 보면 필요성에 기초한 사용가치나, 남에게 보여 주기 위한 과시가치를 제외한 모든 소비가치˚이다. 즉, 개인가치란 소비자가 사용가치와 과시가치 외에 개별적으로 소비와 연결하여 부여하는 가치로, 소비에서 '개인적 만족과 행복'을 추구하는 소비가치이다. 물론 큰 틀에서 보면 사용가치와 과시가치도 개인적 만족과 행복을 위한 가치로 볼 수 있다. 하지만 사용가치는 소비자의 생존과 다른 목적을 위한 수단적 측면이 있고, 과시가치는 타인 시선을 통한 간접적 만족 추구 가치이다. 반면 개인가치는 소비에서 개인적 만족과 행복이 직접적 목적이 된다는 측면에서 차이가 있다. 예로 최근 새로운 소비 트렌드가 된 '소확행' 소비 방식이다. 소확행은 '소소하지만 확실한 행복'을 위한 소비 패턴이다. 남에게 보여 주기 위한 게 아닌, 내 개인의 만족과 행복을 직접적으로 추구하는 소비 행태다. '가성비'와 '가심비' 또한 남의 시선을 의식하기보다는, 상품의 실질적 효용과 소비자의 개인적 만족을 중요시하는 소비 트렌드를 보여 준다. 공익성과 자연환경을 고려하는 윤리적 소비도, 나의 가치 추구 및 사회를 개선한다는 자신의 만족감을 추구하는 개인가치 소비 패턴의 하나이다. 나만의 소비 취향 추구도 개인가치를 추구하는 한 행태다. 가족과 같은 특정 반려동물 가치는 개인가치를 포함하기 때문에, 시장에서 가격이 비슷한 다른 반려동물 가치보다 훨씬 큰 것이다. 마음을 담은 선물도 의미와 사랑이라는 개인가치를 담기 때문에, 그 상품의 사용가치보다 더 큰 개인적 만족과 행복을 가져다준다. (개인가치의 세부적 설명은 〈노마드 소비자〉 편 참조)

* 소비의 투자가치 ···

소비에서 사용가치, 과시가치, 개인가치 외에 투자가치도 또 하나의 가치로 영향을 준다. 투자가치는 상품을 구매한 후, 재판매로 이익을 얻을 수 있다고 기대하여 구매를 결정하는 소비가치이다. 골동품, 예술 작품, 희귀 상품, 금 등 구매에서 나타난다. 최근에는 MZ세대에서 한정 명품이나 브랜드 상품을 재판매를 목적으로 구매하는 사례가 늘고 있다. 하지만 투자가치 소비는 소비효용이 목적이 아닌, 수익을 위한 일종의 상업(투자) 활동으로 볼 수 있다.

21세기 소비사회에서 과시가치보다 개인가치가 더 중요시되는 이유는, 점점 더 많은 소비자가 과시소비를 할수록 오히려 만족과 행복을 더 멀어지는 '과시의 역설'을 깨닫고, 개인적 만족과 행복을 위한 소비로 돌아서고 있기 때문이다. MZ세대는 기성세대 과시소비를 쫓아가는 게 현실적으로 어렵다고 자각하고, 대안으로 소비에서 개인가치를 추구하는 경향도 있다. 소비에서 개인가치 추구는 21세기 소비자 혁명으로 이어지면서, 근본적 사회 변화를 초래한다. 이 부분에 대한 상세한 논의는 제3장 〈소비자 혁명〉 편에서 다루고자 한다.

소비가치는 사용가치, 과시가치, 개인가치를 모두 포함한다. 소비자는 상품을 구매할 때 세 가지 가치를 전부 고려한다. 다만, 구매를 결정할 때 어떤 가치가 주된 목적 가치인가에 따라, 개인 라이프스타일과 사회 구조가 변화된다. (기업도 상품을 어느 가치에 중점을 두고 판매할지 결정한다) 20세기 이전에는 사용가치 그리고 20세기에는 과시가치 중심으로 소비가 발전되었다. 그런데 21세기가 도래하면서 개인가치가 소비에서 더 중요한 가치로 부상하고 있다. 역사적으로 보면 소비에서 주도적 가치는 사용가치 → 과시가치 → 개인가치로 변화된다.

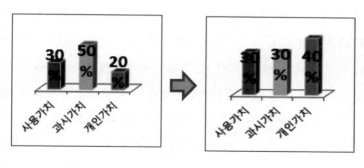

20세기형 소비가치 비중   21세기형 소비가치 비중

    기존 주류 경제학의 시장 가격결정이론도 소비가치 변화에 따라 재검토가 필요하다. 베블렌은 경제법칙은 언제나 똑같이 타당하거나 독립적이지 않고, 사회 가치체계가 변하면 따라서 변하기 마련이라고 주장한다. 전통 경제학의 시장 가격결정이론은 생산자 공급비용(공급곡선)과 소비자 소비효용(수요곡선)를 중심으로 만들어졌다. 부차적 외부효과(externalities)도 존재하지만, 주로 상품 가격은 생산비용과 소비효용으로 결정이 된다고 보았다. 수요 측면에서 소비자 소비효용은 상품 사용가치(use value)와 대체로 일치한다고 보았다. 하지만 마이너스 과시가치가 있는 중고품이나, 과시가치를 더한 강남 아파트, BTS 굿즈에 대한 BTS 팬이 갖는 개인가치 등 사례로 보듯, 현대 소비자가 소비하는 많은 상품 소비효용과 사용가치는 일치하지 않는다. 추상적 큰 틀에서 보면 여러 소비가치를 묶어 전부 소비자 효용 한가지로 볼 수도 있지만, 소비가치를 구분하여 개별적 영향에 대하여 분석해야만 현실적 시장 가격을 설명할 수 있다. 한편 공급 측면에서 생산비용은 시장 가격에 대한 영향력이 줄어들었다. 백화점에 진열된 상품의 가격은

그 상품 생산비용에 따라 결정되지 않는다. 또한, 공급량이 항시 초과 되는 소비사회에서, 공급량은 가격에 따라 증감되기보다는, 소비량에 따라 시장 공급량이 결정된다. 한편 생산량이 늘어날수록 기술 발전과 규모의 경제에 의해 단위 생산비용은 줄어든다. 오히려 광고와 마케팅 및 유통비용이 생산비용보다 큰 경우도 많지만, 이런 비용은 대체로 상품의 과시가치와 개인가치를 홍보하고 구매를 조장하는 비용이다. 그래서 동일한 생산비용 상품도 전통 시장과 백화점에서 판매가는 상이하다. 백화점에서는 과시가치가 포함되기 때문이다. (백화점의 고가의 인테리어, 임대료, 광고 및 마케팅 비용 등은 상품 과시가치를 지지하는 비용이다) 과시가치로 인하여 기업은 고가의 명품시장에서 가격이 올라가도, 공급량을 늘리지 않거나 오히려 줄이는 현상이 발생한다.

가격은 소비자가 구매하지 않은 재고 상품은 의미가 없으며, 소비자가 구매해야만 가격으로서 의미를 지닌다. 소비자는 구매를 고려할 때 사용가치뿐만 아니라 과시가치와 개인가치 합계 가치로 구매할지를 결정한다. 따라서 경제학의 수요곡선은 사용가치, 과시가치, 개인가치의 합이 되어야 현실적 수요곡선이 된다. 그런데 실제적으로는 공급과 수요 측면에서 변동성이 적은 생산비용과 사용가치보다는, 과시가치와 개인가치가 시장 가격을 좌우한다. 특히, 시장 구조적으로 공급 과잉이 발생하는 선진 소비사회에서는, 대체로 과시가치와 개인가치가 시장 가격을 결정한다. 이제 과시가치와 개인가치는 부차적 외부효과가 아니라, 소비자본주의에서 시장 가격을 결정하는 중요 가치가 되었다. 다만, 사용가치 중심의 1차산업 소비시장에서는 기존 가격결정이론이 여전히 유효하다. (소비의 중심축은 1차 → 2차 → 3차산업으로 변화됐다)

새로운 시장가격 결정 과정

소비자 소비가치 가격(Pvt, 수요곡선) = f(Vu사용가치 + Vs과시가치 + Vi개인가치)

◎ 예: 의류시장 가격 결정

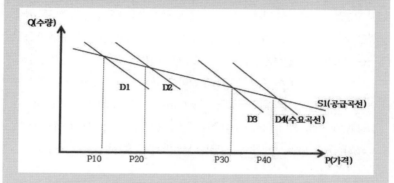

☞ 기존 수요·공급 도표의 수량과 가격 축을 반대로 변경하였다. 초과 공급이 항시 유지되는 상태에서는 수량보다는 가격이 시장의 핵심 변수가 된다.

☞ 시장에는 소비가치 구성에 따라 여러 다른 가격대 시장이 공존한다. (여러 다른 수요곡선이 존재한다) 각 기업도 어느 가격대의 시장에 중점을 둘 건지 결정한다. 각각의 다른 가격대 시장 내에서는, 해당 상품의 공급 가격은 소비자 수요에 영향을 미친다. 다만, 수요곡선 가격탄력성(수요곡선 기울기)은 해당 시장 성격에 따라 다르나, 가격이 높은 시장일수록 가격탄력성(소비자의 가격에 대한 민감도)이 낮은 게 일반적이다.

☞ 시장에서 각각의 소비가치 비중은 업종과 시대 및 사회 발전도에 따라 변화된다. 선진 사회 경우 20세기에는 과시가치의 비중이 높았지만, 21세기에는 개인가치의 비중이 높아지고 있다.

1. P10 = f(Vu20 - Vs10 + Vi0). 예: 중고 의류시장 (과시가치가 마이너스임)

2. P20 = f(Vu20 + Vs0 + Vi0). 예: 저가 의류시장

3. P40 = f(Vu20 + Vs10 + Vi10). 예: 중가 브랜드 의류시장

4. P50 = f(Vu20 + Vs20 + Vi10). 예: 고가 브랜드 의류시장

• 새로운 공급곡선

규모의 경제, 기술 발전에 따른 생산 단가 하락, 가격 경쟁 등으로 공급이 늘어날수록 단위 생산비용은 감소한다. 한편 시장 가격이 상승할수록 기술, 생산성, 품질 차이 등으로, 해당 공급 시장에서 공급자가 줄어 공급량은 감소한다. 특히, 고가의 상품시장에서는 가격이 상승할수록, 과시가치를 위한 물량 조절, 시장 진입 장벽, 구매 가능한 소비자 수적 한계 등으로 공급량은 감소한다. 이와 같은 영향으로 공급량은 시장 가격이 높아질수록 줄어드는데, 이것이 시장에서 흔히 보는 현실적 공급곡선이다. 저가 시장(전통 시장)보다 고가 시장(백화점) 공급량이 적다. 기존 공급곡선과 같이 가격이 높아질수록, 공급 물량이 증가한다는 논리는 시장의 현실 상황에 반한다. 특정 시점의 실제 공급량은 해당 시장의 세 가지 소비가치의 합계인 수요량에 의해 결정된다. 가격이 높아질수록 수요량은 주로 과시가치와 개인가치에 의해 결정된다. 다만, 과시가치는 공급량이 늘어날수록 줄어든다.

자본주의가 고도화된 소비사회에서는 과시가치가 핵심 소비가치로 부풀려지고 조장되었다. 과시소비의 사회적 강제만이 20세기 소비의 무한정적 질주를 설명할 수 있다. 전통 경제학은 과시소비를 부차적 외부효과(externalities)라는 논증할 수 없는 카테고리로, 또는 '다른 조건이 동일하다면(Ceteris Paribus)'라는 전제에 교묘히 숨겼다. 과시소비는 일반적 수요곡선과 반대로 움직이기 때문에, '베블런 효과'라는 예외적 경우로 치부하였다. 하지만 20세기 자본주의는 과잉 생산물을 해소하기 위하여 과시가치를 적극적으로 활용하였다. 상품의 사용가치만으로는 과잉 생산물을 해소할 수 없었기 때문이다. 자본주의는 상품의 필요성(사용가치)을 과시가치라는 사회적 기호와 욕망으로 대체시켰다. 상품의 필요성은 무한정 증대할 수 없지만, 사회적 욕망은 무한대로 늘릴 수 있기 때문이다. 이 과정을 통하여 과시소비는 사회적 지위에 대한 '차이'와 '인정' 욕구를 기반으로 끝없이 확대되었다. 소비자본주의는 상품 브랜드와 광고 그리고 사회·문화적 도구 등으로, 소비자를 끝없이 과시소비로 차이와 인정 욕구에 매달리게 만들었다. 21세기에는 특히 인스타그램, 페이스북 등 소셜 미디어로 과시소비 경쟁을 부추긴다. 과시소비 욕구는 가속적이고, 불가역적이고, 무제한적 성향을 지닌다. (이전 필리핀의 독재자 부인인 이멜다는 3천 켤레의 고가의 구두를 소유한 것으로 알려졌다) 과시소비를 하면 할수록 소비 경쟁은 더 치열해지고 확대된다. 하지만 〈과시의 역설〉 편에서 논하였듯, 과시소비 욕구는 충족될 수 없고, 바닷물과 같이 소비할수록 더 갈증이 유발된다. 소비자는 끝없는 과시소비 욕망에 빠져들고 중독되면서, 소비사회 욕망의 노예로 전락한다.

시장의 교차 의존성

각 시장은 다른 시장과 교차하며 상호 영향을 주고받는다. 고전 경제학에서는 시장의 교차 의존성에 대하여 분석이 미진하였다. 가령 고전 경제학에서는 고용시장에서 국가 노동 규제정책과 노동조합이 없다면, 일시적(마찰적) 실업 외에는 완전고용이 이루어질 수 있다고 주장한다. 시장에서 결정되는 자유로운 고용계약과 노동조건이 성립된다면, 비록 최저 생계비에도 못 미치는 임금이나 열악한 노동조건이 생길 수도 있지만, 일하기를 원하는 노동자는 누구나 일자리를 얻을 수 있다고 한다. 하지만 21세기 들어 더욱 가속도가 붙는 자동화, 로봇 이용, 인공지능 활동 등으로 일자리는 구조적으로 줄 수밖에 없다. 더 적은 노동력 투입이 더 큰 생산성을 만들기 때문이다. 그런데 고용시장에서 임금 하락이나 실업률 증가는, 민간 소비를 위축시켜 상품시장에 악영향을 미친다. 상품시장 부진은 다시 고용시장에 영향을 미쳐, 추가적 임금 하락을 초래하고 실업률을 높인다. 현대 각국 정부가 실업률을 낮추는 것을 중요 정책 목표로 삼는 이유는, 실업률이 증가하면 민간 소비를 낮추어, 불황을 초래하고 경제성장이 어렵기 때문이다. 이처럼 현대 소비사회의 각 시장은 다른 시장 및 사회 체계와 다차원적으로 상호 의존한다. 개개의 시장을 독립적이고 시장 내 변수로만 파악하면 올바른 시장 분석이 어렵다.

품질과 과시가치

상품 품질은 주로 상품의 고성능, 최첨단, 희소성, 창의성, 안전성, 내구성, 고효율 등과 관련된다. 상품 품질은 세 가지 소비가치 전부와 연관된다. 편리성이 높고, 내구성이 뛰어나며, 고장이 적다는 건 사용가치 측면에 영향을 미친다. 개인 선호도에 따른 개인가치에도 영향을 준다. 하지만 품질은 주로 과시가치와 연관된다. 품질은 과시가치를 뒷받침하는 근거이자 명분으로 작용한다. 돈을 낭비하는 게 아닌, 보다 품질 좋은 상품을 고가라도 구매하는 행위는 합리적이라는 것이다. 하지만 품질 차이에서 발생하는 사용가치 차이 이상으로 가격 차이가 발생하는 건, 타인에게 사회적 지위를 인정받고자 하는 과시가치의 허구적 특성을 보인다. 예로 저가 자동차와 최고가 자동차는 수십 배 이상 가격 차이가 있지만, 실제 수십 배 이상 사용가치나 품질 차이가 있지는 않다. 수억 원을 호가하는 명품 시계와 일반 시계의 시간 정확도에 차이는 없다. 한편 과시소비 시장(고가·명품 시장)에 진입 또는 생존하기 위한 기업들 경쟁도 치열하다. 이 시장에서는 비용 대비 수익 비중이 다른 시장에 비해 월등히 크기 때문이다. 이 시장에서는 공급량을 크게 늘리면 퇴출당하기 때문에, 기업은 가격이 올라갈수록 공급을 줄이거나 현상을 유지할 수밖에 없다. 실제 최고가 자동차인 람보르기니 자동차 판매 수량은 다른 일반 차량보다 극히 적다.

브랜드와 과시가치

브랜드는 특정 기업 또는 상품에 대하여 소비자가 가지고 있는 차별적 이미지의 총합이다. 브랜드는 상품 품질을 보증한다는 의미도 있지만, 주로 해당 상품의 과시가치 징표로 역할을 한다. 20세기에는 과시가치가 소비에서 큰 역할을 한 만큼,

20세기는 브랜드 시대였다. 하지만 21세기에는 개인가치가 주된 소비가치로 부상하면서, 브랜드 역할은 줄어들고 있다. 심지어는 노브랜드, 무인양품, 브랜드리스 등 브랜드나 포장의 거품을 거두어 내고, 실질적 가성비를 추구하는 새로운 트렌드가 유통의 한 축으로 부상하고 있다. 기업도 포괄적 과시가치 징표로서 브랜드가 아닌, 구체적 사회 가치 내지 소비자 개인가치에 중점을 두는 새로운 브랜드를 추구하고 있다. 예로 환경보호를 실천하는 기업, 인권을 옹호하는 기업, 인종차별을 반대하는 기업, 소비자 요구에 따라 혁신하는 기업, 가난한 나라의 빈곤과 질병 퇴치에 앞장서는 기업, 희귀병 아이들을 돕는 기업, 정직한 기업, 소비자와 소통하는 기업, 가족 같은 기업 등으로 새로운 브랜드 마케팅이 글로벌 기업에서는 이미 진행되고 있다. 맥도날드는 '가족 같은 기업' 브랜드 이미지를 만들어 가고 있으며, 나이키는 인종차별을 반대하는 미식축구 선수 콜린 캐퍼닉을 브랜드 광고 모델로 선택했다. (2020년에 나이키는 일본에서도 일본 내 적지 않은 반대 여론에도 불구하고, 재일한국인 등 사회 소수자 차별을 반대하는 브랜드 광고를 진행하였다)

간이역

우리 길은
돌아올 수 없는
편도표밖에 없어

간이역에서
잠시 정차하여도
다시 편도표를 들고
가 보지 않은 길로
가야 한다

추억은
지난 기차표에 머물다
낙엽처럼
날려 갈 것이니

그때
그 간이역에서
미소 지은 그대여

106

지금

어느 간이역에서

편도표 들고

서성이고 있느뇨

- 이종희 시집《슬픔의 사계》에서

과소비의 미덕

경제학자 조지프 스티글리츠는 애덤 스미스가 꿈꿔 왔던 완전경쟁 시장이, 실제 세계에서는 존재할 수 없다고 증명하여 노벨상을 받았다. 시장이 여전히 효율의 나사를 조이는 것도 시장이 효율적이지 않다는 것이다. 또한, 완전경쟁 시장은 시장 참여자가 시장에 대한 완벽한 정보를 가져야 성립하지만, 기업이나 소비자 누구도 완전한 정보와 지식을 가지고 의사결정을 할 수 없다. (또한, 소비자는 이성적이고 합리적으로만 의사결정을 하지 않는다) 더욱이 완전경쟁 시장에서 모든 시장 참여자가 자신의 이익만 추구한다면, 사회 공공이익(국방, 치안, 인프라 건설 및 관리 등)은 논리적으로 유지될 수 없다. 가장 자본주의적 시장인 미국 금융시장도 여러 번 붕괴 직전까지 가는 위기가 있었고, 그 위기는 정부 세금으로 구제되었다. 자연생태계와 비교해도 시장은 지나친 성장을 지향하여, 성장에 따른 에너지 과다 사용으로 지구생태계의 엔트로피를 높인다. 게다가 순환이라는 자연법칙에 반하여 시장은 재활용하기 어려운 폐기물을 발생시킨다. 따라서 자본주의 자유경쟁 시장의 완벽성을 믿는 건, 서양 중세 사람들이 중세 사회를 하나님이 만든 불변의 완벽한 세상이라고 믿은 만큼 어리석다.

주류 경제학자들은 현재 시장이 완벽하지 않다고 해도, 완전경쟁 시장이 이상적으로 존재하고, 시장이 그 방향으로 나아간다면 문제가 없다고 한다. 하지만 나아가는 방향성으로 볼 때도, 현재 소비자본주의 시장은 올바른 방향으로 가고 있다고 보기 어렵다. 인간 경제 활동이 궁극적으로 사회 구성원의 생존과 행복을 목표로 한다면, 이를 위한 비용은 사회적 비용이 된다. 따라서 비용 측면에서 최소한의 사회적 비용으로, 최대한의 사회 구성원 효용을 만들어 내는 게 중요하다. 소비자본주의 시장이 올바른 방향성을 가진다고 하면, 시장 가격(시장 비용)이 최소한의 사회적 비용과 일치하는 방향으로 가야 한다. 하지만 현실은 그렇지 않다. 가령 한 커피숍에서 월 천 개의 플라스틱 커피 용기를 5만 원에 구매하여 커피를 판매하였다고 하자. 이 경우 시장에서 구매되고 소비된 플라스틱 용기의 공급 및 소비 비용은 5만 원이지만, 천 개의 용기가 버려져 오염된 환경 복구 및 수거 비용은 그 몇 배가 소요될 수 있다. 이처럼 소비자본주의에서는 시장 비용과 사회적 비용 및 소비자 효용이 불일치하는 현상이 많이 발생한다. 그 불일치만큼 시장(사회)의 자원 배분 효율성은 감소하고, 비용이 효용을 초과하는 시장실패가 발생한다. 아래에서는 이런 사례를 살펴보고자 한다.

시장실패 대표적 사례가 시장의 낭비적 측면이다. 생산량이 충분치 않은 근대 이전까지는 과소비와 낭비는 동·서양을 막론하고 악덕이나 죄악으로 여겨졌다. 그런데 산업혁명 이후 대량생산 시대가 되면서, 과소비와 낭비는 사회·문화적으로 용인되거나 보이지 않게 권장되었다. 예로 예전에는 식사 자리에서 음식을 남긴다면 부도덕하거나 죄악으로 여겨졌으나, 이제는 그런 인식은 찾아보기 어렵다. 20세기에 접어들면서 과소비와 낭비가 없이는 과잉 생산물의 해소와 경제성장이 불가능하기 때문이다. 이런 이유로 소비사회는 사회경제적 장치를 이용하여, 소비자를 자연스럽게 과소비와 낭비에 젖게 했다. (〈강요된 소비〉 편 참조) '망치 10개 증후군'이라는 게 있다. 소비자가 너무 많은 물건을 구매하고 쌓아 두어, 집에 분명히 이전에 구매한 망치가 있지만, 찾지 못해 새로운 망치를 사게 되고, 결국 집에 망치 10개가 쌓여 간다는 것이다. 게다가 구매를 더 많이 할수록 더 큰 수납공간과 집이 필요하다. 실제 오늘날 평균 가족 수는 감소하였으나, 주택 구매자의 가장 큰 불평 중 하나는 수납공간이 충분치 않다는 점이다. 더 넓은 수납공간과 집은 사용하지도 않는 상품으로 더 복잡한 미로가 된다. 홈쇼핑으로 구매한 물건은 박스도 열어 보지 않은 채 쌓여 가고, 냉장고에는 다 먹지도 못할 만큼 음식을 쌓아 둔다. 새로운 패션과 유행으로 몇 번 입어 보지 못한 옷들도, 금방 매력이 시들해져 쓰레기로 버려진다. 이탈로 칼비노가의 소설 《보이지 않는 도시들》에서 제시된 이야기처럼, '풍족한 생활을 위하여 사는 것이 아닌, 새로운 물건을 위한 자리를 마련하기 위하여 날마다 물건을 내다 버리는' 이상한 도시가 되었다. 아직 쓸 만한 상품들은 버려져 자원 낭비, 쓰레기 처리 비용 증가, 환경파괴를 초래한다. 태평양의 새로운 대륙, 일명 '쓰레기 섬'은 한국 면적의 15배이고, 바다 위를 떠다니는 전체 쓰레기는 이보다 다섯 배는 더 많다고 추정된다.

쓰레기는 항상 잉여와 낭비에서 나온다. 지그문트 바우만은 현대 소비사회에서는 '잉여'라는 유령이 어디든 떠돌고 있고, 유동하는 현대는 과잉과 여분, 폐기물과 폐기물 처리의 문명이라고 지적한다. 그는 소비사회에서 너무나 빨리 폐기되는 소비재에는 눈에 보이지 않는 잉크로, '메멘토 모리(memento mori: '죽음을 기억하라'라는 의미의 라틴어)'라고 적혀 있다고 말한다. 소비사회는 고도화될수록 과소비는 미덕으로 권장되고 낭비는 확대된다. 오늘날 소비사회에서 낭비적 소비는 간접세처럼 무의식적이고 강제적인 하나의 사회제도가 되었다. 하지만 낭비는 소비자 만족과 행복을 증가시키기보다는, 사회적 비용을 상승시킬 뿐이다. 아울러 과소비는 소비자의 부채 증가와 생산시설 과다 확대로, 경제적 불황을 주기적으로 발생시켜 사회적 비용을 증폭시킨다. 또한 과다 생산과 과소비는 에너지 과다 사용으로, 기후변화와 여러 가지 환경문제를 야기한다. 지구는 인간 생존을 위해서는 충분히 넓은 공간이지만, 한없는 욕망을 채우기에는 부족하다. 기후변화 전문가이자 경제학자인 니콜라스 스턴은 기후 위기는 인류 역사상 가장 커다란 시장실패라고 주장한다.

광고와 유통비용도 사회적 비용 낭비를 초래하는 대표적 사례이다. 중국이나 베트남에서 생산된 나이키 신제품 생산비용은 2~5달러에 불과하다. 하지만 소비자 판매가는 신모델의 경우 150~200달러까지 한다. 가격의 상당 부분이 광고 및 유통비용이다. 백화점에서 판매하는 많은 상품의 생산비용도 판매가의 10~30%밖에 되지 않는 경우가 많다. 나머지는 유통비용이다. 광고와 유통비용은 소비자 만족과 행복을 증진하지 않는다. 과다 생산된 상품의 소비를 촉진하는 비용으로 낭비된다. 소비자본주의 시대에는 너무 많은 광고 및 유통비용이 발생한다. 이는 사회적 비용 낭비고 시장실패를 초래한다. 또한 감당하지 못할 정도로 쏟아져 나오는 신상품은, 소비자의 탐색 비용 증가와 혼란 등 사회적 비용 낭비를 추가로 초래한다. 너무 많은 상품 선택지와 복잡한 구성 그리고 끊임없이 쏟아져 나오는 신상품에 소비자는 지쳐 가고, '선택 피곤(Choice Fatigue)'과 '결정장애'를 앓는다. 식당에서 자신이 먹을 음식 선택도 주저하는 사람이 늘고 있다.

신자유주의가 촉진한 글로벌 생산방식도 시장실패를 초래한다. 글로벌 기업들은 임금 차이, 통화 가치 변동, 조세 회피, 보조금, 투기적 거품 등을 활용하기 위하여, 자신들이 활동하기 유리한 곳이라면 어디든 진출한다. 그런데 기업의 글로벌 활동으로 상품 이동 거리는 폭발적으로 길어졌다. 예로 스코틀랜드산 새우는 중국으로 선적돼 거기서 껍질을 벗긴 후, 다시 스코틀랜드로 되돌아온 후 빵가루를 입혀서, 다른 유럽국가로 수출된다. 이 운송 과정에서 탄소 배출, 신선도를 유지하기 위한 약품 사용, 이동 중 상품성이 떨어지는 상품 폐기 등으로 자원 낭비, 환경파괴, 소비자 만족도 감소 등 사회적 비용을 증가시킨다. 자본(기업)은 부작용을 만드는 주체임에도 불구하고, 이에 대한 책임과 위험을 거의 지지 않는다. 소비자 개개인이 그 책임과 위험을 일상의 삶에서 떠안는다. 하지만 주류 경제학은 시장경제의 낭비적 요소와 부작용에 대하여 여전히 논의를 제대로 진행하지 않고 있다.

모두에게 풍요와 삶의 질 향상을 가져다준다는 경제성장에도, 소비자 만족이나 행복과는 거리가 먼 요소가 많다. 가령 교통사고가 자주 나고 재난이 많이 발생할수록 복구 비용 증가로 GDP는 성장한다. '감옥 민영화 역설' 현상도 발생한다. 미국과 같이 교도소 운영이 민영화되면 GDP는 증가한다. 민영 교도소는 성장을 위하여 더 많은 재소자가 필요하다. 따라서 민영 교도소는 재소자를 교화하여 사회 복귀를 돕기보다는, 재소자의 지속적 양산에 더 관심을 둔다. 2016년 기준 미국 재소자 수는 220만 명(한국은 약 4만 명)에 이른다. 미국 교도 시설 운영에 들어가는 세금도 연간 800억(90조) 달러에 달한다. 결국, 재소자 증가로 GDP는 증가하나 범죄율 증가로 국민들 삶의 질과 만족은 하락한다. 유사한 사례로 총기 소지가 허용되는 경우도, 치안이 불안하고 사회적 불만이 증가할수록, 총기 산업은 더욱 성장하고 경제도 성장한다. 또한 미국에서 실제 볼 수 있듯 의료 서비스가 민영화되면, 소비자의 의료 비용은 크게 증가하고, 그 증가만큼 GDP는 성장한다. 환경오염 관련하여서도 유사한 현상이 발생한다. 환경오염이 심화될수록 깨끗한 공기와 물 등 새로운 상품시장(공기청정기, 생수, 정수기 등)이 확대된다. 심지어 탄소배출권이란 환경오염권 시장이 새로이 만들어져, 환경오염 권리가 매매되고 경제성장이 이루어진다. 이는 소비자에게 일상 삶의 질 저하를 뜻하고, 생존을 위하여 더 많은 돈을 힘들게 벌어야 한다는 것을 의미한다. 이런 경제성장은 소비자 효용을 초과하는 사회적 비용도 발생시키지만, 소비자의 고통(역효능)도 증가하는 '저주의 몫'이 된다. 사회적 고통을 완화하여야 할 국가(정부)도 완벽한 공모자가 된다.

시장실패 사례를 간단한 공식으로 살펴보면 아래와 같다. 전통 경제학에서는 '시장 가격 = 소비자 효용'으로 보았으나, 숨겨진 비용을 살펴보기 위해서는 그사이에 사회적 비용이 추가되어야 한다.

1. 효율적 시장가격

시장가격(MP) = 사회적 비용(SC / 시장가격 + 비시장요소비용) = 소비자 효용(CU)※

예: 쌀: MP(5만 원) = SC(5만 원 + 0원) = CU(5만 원)

※ 소비자 효용(CU): 소비가치(사용가치 + 과시가치 + 개인가치) 합계

2. 시장실패 사례

1) 환경오염 (예: 플라스틱 용기 사용)

MP(5만 원) ≠ SC(5만 원 + 5만 원) ≠ CU(5만 원)

5만 원의 사회적 비용 낭비 발생함

※ 환경오염으로 비시장요소비용이 초래되어 비용 낭비가 발생함

2) 과도한 광고·유통 비용

MP(10만 원) = SC(10만 원 + 0원) ≠ CU(5만 원)

5만 원의 사회적 비용 낭비 발생함

※ 시장가격에 소비자 효용을 초과하는 낭비가 발생함

3) 감옥 민영화 역설·총기 산업

MP(10만 원) = SC(10만 원 + 0원) ≠ 〔CU(5만 원) - CU - (효용감소 3만 원)〕

8만 원의 사회적 비용 낭비 발생함

※ 소비자 효용을 초과하는 비용과 효용을 감소시키는 효과로 시장실패 발생함

1)의 사례에서는 정부는 비시장요소비용을 시장가격에 세금 부과 및 환급 방식으로 반영케 하여 일정 부분 균형을 맞출 수 있다. 이는 현재 논의되고 있는 환경세와도 연관된다. 정부규제로 친환경 용기 사용을 의무화할 수도 있다.

경제성장에는 과실 분배 문제도 있다. 신자유주의는 경제성장이 충

분히 이루어지면, 모두가 풍요로워질 수 있다고 한다. 하지만 자유경쟁 시장에 의한 경제성장은 사회 전체의 부는 증가시키지만, 소수에게 특권과 부를 몰아주는 반면 다수에게 상대적 빈곤과 불이익을 가져다 준다. 토마스 피케터는 《21세기 자본》에서 자유시장 경쟁에 따르는 성장 과실은 승자독식으로 흐르게 되어, 부의 불평등이 심화하고 사회적 갈등과 불만족이 증가한다고 지적한다. 성장 과실의 분배 불평등은 많은 사회적 갈등과 해소 비용으로 사회적 비용도 증가시킨다. 또한 고도자본주의에서 자동화, 로봇과 인공지능 활용, 아웃소싱, 다운사이징, 리엔지니어링은 더 많은 경제성장을 가져올 수 있지만, 더 많은 실업자, 비정규직, 빈민, 경쟁의 탈락자를 의미하기도 한다. 한편 가족과 공동체에서 무상으로 이루어진 가사노동, 육아, 간병, 상호부조 등이 단순히 시장에서 화폐로 거래되는 서비스로 바뀌는 건만으로도 경제성장이 되는 과장된 현상이 발생한다. 가령 모든 배우자가 전업주부에게 육아와 가사노동 대가로, 시장을 통하여 급여를 지불한다면, 경제성장은 큰 폭으로 증가한다. 하지만 가계 측면에서는 나아지는 건 없다. 오히려 전업주부도 소득세를 내야 하므로 가계는 악화된다.

소비사회가 촉진하는 과시소비도 시장실패를 불러온다. 과시소비 경쟁은 소비자 만족과 행복을 증진하기보다는, 더 큰 불만족과 부작용을 만들어 낸다. 소비가 소비자 행복과 만족을 위한 게 아닌, 무한경쟁의 대상이 되기 때문이다. 경주마 얼굴 앞에 막대기로 당근을 매달아 앞으로만 나아가게 하는 경우와 같다. 말은 당근이 분명 앞에 보이지만 그리고 당근을 먹고자 마지막 힘을 내어 앞으로 뛰어가지만, 결코 당근을 맛볼 수 없다. 이처럼 과시소비의 달콤함과 욕망의 충족은 맛볼 수 없는 신기루와 같다. (〈과시의 역설〉 편 참조) 이런 사회에서는 부와 과시소비 경쟁으로, 세상과 타인은 모두에게 지옥이 된다. 세상은 약육강식 정글이 되고, 타인은 모든 수단을 동원해서라도 반드시 이겨야 하는 대상이 된다. 모든 삶의 기준이 물질적 경쟁과 성공에 맞추어지고, 타인과 관계에서 신뢰, 존경, 애정, 이해, 공감, 진정성 등 정신적이고 인간적 가치가 사라진다. 나의 인간적 가치, 개성, 자존감 등도 추방된다. 게다가 소비자는 부와 과시소비 경쟁에 몰두해야 하므로, 삶의 진정한 만족과 행복을 느낄 수 있는 다른 일상의 삶과 여유를 놓쳐 버린다. 한적한 숲속에 산책을 즐길 시간도, 친구와 편하게 선술집에서 이야기 나눌 즐거움도, 나 자신에 침전되어 나를 돌아보는 여유도 전부 놓치게 된다. 결국, 소비할수록 진정한 만족과 행복이 멀어지는 소비사회는 시장실패를 스스로 증명한다.

부와 과시소비를 위한 지나친 경쟁은 경쟁 비용 증가로도, 시장을 이상적 사회로부터 더 멀어지게 한다. 게임이론 중 털럭(Tullock) 모형에 따르면, 제한된 자원을 모두에게 똑같이 배분할 때보다, 경쟁을 통하여 배분할수록 막대한 양의 에너지와 비용이 낭비된다. 경쟁은 생산 부문에서 혁신과 생산성 향상을 위하여 일정 부분 필요하지만, 소비에서 과도한 경쟁은 분명 낭비와 사회적 비용을 높인다. 진정한 풍요의 사회는 생산과 소비가 인간의 궁극 목적(행복과 만족)과 균형 관계가 형성된 사회이다. 하지만 현대 소비사회는 이 균형 관계가 많이 파괴되었다. 소비자본주의는 시장실패로 그리고 시장실패 때문에 유지되고 번창한다. 소비자본주의를 넘어서는 보다 좋은 사회는, 시장 비용과 사회적 비용 그리고 소비자 효용 차이가 줄어드는 사회이다.

모두가 풍요로운 성장: 숲의 성장 ···

숲의 나무들은 햇빛과 땅을 얻기 위해 서로 경쟁하면서도, 모두가 풍요로운 숲을 만든다. 나무의 성장에는 쓰레기와 낭비가 없다. 낙엽은 다시 퇴비가 되어 나무를 키운다. 나무의 성장은 숲속 생태계 모든 생명에게 생존과 풍요를 가져다준다. 신선한 공기와 식량과 휴식 공간을 만들어 준다. 더불어 성장한 숲 생태계는, 나무 씨앗을 퍼트려 주고, 지속적 성장 에너지를 가져다준다. 하지만 숲은 모두가 풍요로운 만큼 성장하면, 더 이상 성장을 추구하지 않는다. 숲은 낭비 없이 모두가 더불어 풍요로운 만큼만 성장한다. 인간 사회도 모두가 풍요로운 성장을 만들기 위해서는, 숲과 나무의 성장에서 영감을 받아야 한다.

감자꽃 필 때

검붉은 밭에
엄니젖 빛깔 감자꽃
알알이 피었네

유월 햇젖으로
엄니 눈물 닮은 감자
알알이 영그는 때

먼 귀향길
흰머리 막둥이
돌 같은 마음도

꽃 하나 피우고
알알이 영글고 싶을 때

– 이종희 시집《슬픔의 사계》에서

소비사회

제3장

소비자 혁명

파국의 출구가 새로운 시대의 입구가 된다

시장의 변화

자본주의는 20세기 후반에 절정에 도달했다. 체제 경쟁을 하던 공산주의는 무너졌고, 신자유주의는 전 세계로 확대되어 '역사의 종언'이 회자되었다. 자본주의는 인류 최후의 승리이고 유토피아이기 때문에, 진보를 뜻하는 역사는 더 이상 의미가 없다는 주장이었다. 하지만 영원할 것 같았던 로마제국도 제국의 절정을 지나면서 무너지기 시작하였다. 100년 후 사회도 현재와 같은 자본주의로 유지된다는 생각은, 현재 사회가 100년 전 사회와 같다는 생각만큼 어리석다. 모든 제국과 체제의 절정에는 내재적으로 그 절정만큼 무너질 수밖에 없는 모순과 문제를 필연적으로 내포한다. 자본주의 절정에도 앞서 보았던 소비사회 인간의 비극과 시장실패가 내재적으로 같이 커 왔다. 그 모순과 문제가 자본주의가 사회와 인간에게 제공하는 편익보다 더 커질 때, 현대 자본주의는 절정을 지나 점차 무너지거나 변화될 수밖에 없다.

"현대 시장경제(자본주의) 시스템은 200년 남짓 존속하고 있을 뿐, 인류의 장대한 역사에 비하면 짧은 순간이고, 이 관점을 과거에 적용하면 시대착오적 입장이 되고, 미래에 적용하면 편견만 나온다."

- 칼 폴라니

지그문트 바우만은 현대 소비사회를 '공위의 시대(Times of Interregnum)'라고 말한다. 낡은 것은 죽어 가는데, 문제를 해결할 새로운 것이 나타나지 않은 공백의 시대라는 말이다. 구체제와 관습은 사라지지만, 아직 그것들을 대신할 새로운 체제와 관습은 정착되지 않은 시대이다. 공위의 시대에는 온갖 병적 징후가 나타난다. 안정적 신념 체계와 관습이 존재하지 않아 사회적·정신적 혼란이 발생하기 때문이다. 19세기 말과 같이, 20세기 말에도 온갖 세기말 병적 징후가 출현하였다. 다만 차이점은 20세기 말에는 억압되고 왜곡된 인간 욕망의 내적 징후로 출현하였다는 점이다. 극단적 부와 소비 경쟁으로 인한 스트레스, 만성피로, 신경과민, 우울증, 무력감, 소진증후군, 분노조절장애, 강박장애, 대인공포, 권태감, 공황장애, 불면증, 자살충동, 약자와 소수자에 대한 혐오, 타인을 향한 이유 없는 공격 등의 모습으로 출현하였다. 또한 자연, 타인, 자신과 건강한 관계가 무너지고 공동체와 가족이 해체되어, 인간은 삶의 진정한 만족과 행복에서 더 멀어졌다. 게다가 천연자원 고갈 및 기후변화 등 자연환경의 파괴는, 더 이상 현재와 같은 소비사회에서는 해결 방법을 찾을 수 없다.

하지만 새로운 시대를 만드는 씨앗은 항상 지난 시대의 모순과 문제에서 잉태된다. 새로운 시대는 그 모순과 문제에서 출현한다. 헤겔이 언급한 지혜의 여신 미네르바의 올빼미는 지난 시대의 황혼 녘에서야 비로소 날개를 편다. 지난 시대 파국의 출구가 동시에 새로운 시대 입구가 된다. 그런데 알랭 바디우가 제시하는 새로운 시대 가능성을 열어젖히는 '사건'은, 이제는 물리적 사건이 아닌 우리의 내적 사건으로 발생한다. 알랭 바디우가 예로 든 1789년 프랑스 혁명이 세계사를 바꾼 물리적 사건이었다면, 소비사회를 바꿀 사건은 소비자와 시장의 변화로 나타나고 있다. 특히, 21세기를 전후하여 새로운 소비 및 라이프 스타일이 등장하여 시장과 소비자의 삶을 변화시키고 있다. (알랭 바디우는 사건(변화)이 먼저 발생하고, 이후 이를 설명하는 이론이 생겨난다고 주장한다) 소비사회는 토대인 '소비'의 성격이 변화함에 따라 근본적으로 변화한다.

변화 징후는 이미 다양한 모습으로 감지된다. 미시간 대학의 정치학자 로널드 잉글하트 교수는 상당한 경험치 연구를 토대로, 서구의 구매와 소비에 관한 집착은 어느 시점에 절정을 이루고, '포스트 물질주의' 시대가 개막한다고 주장한다. 그때가 되면 '의미와 목적'이 어떤 구매보다 더 높게 평가된다고 말한다. 그는 이 변화는 눈에 띄지 않게 사회 전반에 큰 혁명적 변화를 가져온다는 이유로, '조용한 혁명(Silent revolution)'이라고 칭했다. 시카고 대학교 로버트 포겔 교수도 21세기에는 사람들이 일과 소비의 공허함에서 벗어나, 더 고차원적 욕구로 나아가게 되고, 삶에서 영적 문제에 대한 '대각성 운동(Great Awakening)'이 일어난다고 예상했다. 소비사회에서 이런 변화는 이미 시장과 소비자의 변화가 양 축이 되어 발생하고 있다. 아래에는 21세기 소비사회가 변화하는 모습을 보여 주는 대표적 시장 변화의 7가지 방향을 논하고자 한다. 소비자의 변화는 이어지는 〈노마드 소비자〉 편에서 살펴보겠다.

> "더 많은 소득, 지속적 출세, 더 많은 소비, 더 과시적 소비라는 외견상 영원할 것 같던 오래된 삶의 방식은 이제 해체되고 있다. 이와 동시에 삶의 우선순위에 대한 새로운 사고방식이 이를 대체하고 있다. 물론 이것의 전모를 해독하기는 쉽지 않지만, 새로운 사고에서 삶의 질과 관련된 비물질적 요인이 현저하게 중요해진다는 건 분명해 보인다. 여전히 공적, 사회적, 과학적 관심사를 독점하는 물질적 재화를 둘러싼 투쟁이, 희소한 비물질적 재화(휴식, 여가, 자발적 동참, 모험심, 타인과 교류 등) 분배를 위한 투쟁에 의해서 잠식되고 있다. 고도로 문명화된 현대의 생활 방식이 위기에 처할수록, 이것들은 점점 더 절박하고 매력적인 대상이 되어 갈 것이다."
>
> – 울리히 벡의《적이 사라진 민주주의》에서

개인의 부상

21세기는 개인이 부상하는 '개인화*' 시대가 되고 있다. 20세기 대량 생산과 대량소비 사회에서는 개인은 소비자라는 군중으로 간주되었다. 군중은 개인으로 환원되지 않는다. 군중 속 인간은 개인으로서 정체성이 지워져 있고, 개인은 군중 속에 녹아들어 가기 때문이다. 그래서 군중 속 개인은 자신에게 주목해 달라고 요구하지 않는다. 하지만 디지털 시대가 되면서 군중은 사라지고 개인이 부상하고 있다. 클라우스 슈밥은 《제4차 산업혁명》에서 디지털화 가장 큰 효과는 '개인 중심(Me-Centred)' 사회, 즉 개인화 과정이자 새로운 행태의 소속과 공동체 출현이라고 주장한다. 디지털 시대의 개인은 더 이상 군중 속 이름 없는 개인, 즉 지워진 존재가 아니다. 개인은 디지털 도구로 무장하고, 최소한의 기술만 가지고도 자신만의 영화, TV 프로그램, 앨범, 책, 방송 등을 만들 수 있다. 스마트폰 하나로 유튜브에 전 세계에서 실시간으로 접속할 수 있는 개인 TV 채널을 만들 수 있다는 건, 역사적으로도 혁명적 사건이다. (모든 개인은 전 세계 모든 다른 개인과 직접적으로 소통할 수 있는 채널을 가진다) 이제는 자신만의 채널과 엔터테인먼트를 만드는 게 무척 쉽고 저렴한 일이 되었다. 모든 개인이 자신만의 목소리를 낼 수 있게 되었다. 케이블TV에 못지않은 영향력을 지닌 유튜브 개인방송도 나타나고 있다. 실제로 개인 유튜버 콘텐츠의 몇십만 조회 수는 케이블TV 시청자 수에 못지않다. 이는 개인의 자율성과 독립성을 중시하는 칸트의 '양적 개인주의'보다는, 개인의 가치와 개체성 발현을 중시하는 니체의 '질적 개인주의' 시대가 되었음을 보여 준다. 지금까지 역사는 인간이 자연, 권력, 타인에게서 자유와 평등을 추구하고 확장하는 양적 개인주의 혁명이 진행되었다. 하지만 21세기에는 개인의 고유한 특성과 가치 그리고 개인 삶의 질적 만족과 행복을 추구하는 질적 개인주의 혁명이 진행되고 있다. 질적 개인주의는 고립적이고 이기적 개인주의가 아닌, 포용적이고 공동체 속에서 자신이 원하는 삶을 실현해 가는 특성을 지닌다. 나의 가치와 행복도 중요하지만, 타인의 가치와 행복도 존중되고 공존하여야 하며, 나의 삶과 행복

소비사회

은 공동체 가치에 연동된다고 본다.

＊ 개인화 (개성화, Individuation) ···
칼 융(Jung, Carl Gustav)은 개인화의 중심적 개념 세 가지를 강조했다. 첫째, 개인화는 인격의 전체 발달을 목적으로 하는 과정이고, 고립된 상태에서 일어나지 않으며, 집단 관계를 전제로 한다. 둘째, 개인화는 사회적 규범의 절대적 타당성을 인정하지 않는다. 융은 자신의 개인화 개념을 성격 통합 또는 자아의식으로 구분한다. 셋째, 개인화를 목표로 하는 자기는 페르소나(persona)와 관련된 모든 거짓을 벗고, 원형에서 나오는 에너지를 자유롭고 창조적으로 활용한다.

21세기 디지털 개인은 '지워진' 존재가 아니다. 그는 무리의 일부로 등장할 때조차, 자신의 개인적 정체성을 유지한다. 그는 익명으로 나타날 수 있지만, 대개 일정한 특징(Profile)을 지니며, 그것을 최상의 상태로 만들기 위해 끊임없이 노력한다. 그는 페이스북, 인스타그램, 블로그 등 가상 공간에 자신의 또 다른 자아*를 만들어 전시하며 주목받고자 애쓴다. 개인은 각 개인의 브랜드 CEO로서 자기 삶(생산과 소비)에서 주체성을 생성해 간다. 이는 소비자본주의가 강요하는 성과주체로서 노예적 개인이 아닌, 자기 삶을 만족시키고 즐기기 위한 적극적 주체성을 가진 개인을 의미한다. 앤서니 기든스가 《모더니티와 자기 정체성》에서 설명하듯 인간 역사의 발전 과정은, 익명의 단합된 군중에서 자기 정체성을 삶의 중심에 두는 개인으로 변모해 가는 것이다. 21세기 개인은 더 이상 국가나 자본이 마음대로 통제하거나 조정이 가능한 군중 속 일원으로 환원되지 않는다.

* 가상(Cyber) 정체성

디지털 개인은 소셜 미디어, 블로그, 온라인 게임 등에서 자신의 또 다른 정체성을 가진다. 예로 페이스북 프로필이나 온라인 롤-플레잉 게임 아바타로 자신의 또 다른 자아를 생성한다. 비록 현실 도피와 부정, 개인의 상품화, 가식, 중독, 보여 주기 문화 등 부정적 측면도 있지만, 긍정적 측면도 있다. 가상 정체성을 통하여 자신의 삶을 뒤돌아보고, 자신의 정체성을 고민하고, 자신이 원하는 일을 탐색하며, 공동체에서 자신의 역할을 배울 수 있다. 이는 자신의 정체성과 삶의 주체성을 찾아가는 일종의 모험적 여행이 될 수 있다.

* 멀티 페르소나(Persona)

페르소나는 고대 그리스에서 배우가 쓰던 가면을 일컫는 말이다. 현대사회에서는 타인과 관계에서 자신을 드러내는 외적 성격을 지칭하는 용어로 사용된다. 20세기형 페르소나는 타인 시선과 사회 압력으로 자신의 본래 모습이 아닌, 억지로 꾸며서 드러내는 자신의 다양한 외적 캐릭터를 의미한다. 하지만 21세기형 멀티 페르소나는 본질적으로 차이가 있다. 21세기에는 주로 소셜 미디어에서 개인이 표출하는 사이버 정체성과 다양한 캐릭터를 의미한다. 이는 강요된 역할이 아닌 자발성을 기반으로, 자아 성취와 자신의 가치실현을 목표로 하며, 자신이 추구하는 다양한 개인가치에 따라 다양한 정체성과 캐릭터로 자신을 표출하는 것을 말한다. 가령 인스타그램에서는 자신의 소소한 일상을 보여 주기 위하여, 트위터는 정치·사회 이슈에 관한 의견을 표출하기 위하여, 페이스북은 친구 관계를 관리하기 위하여, 각각의 계정별로 다른 자신의 정체성을 드러낸다. 이는 다양한 색깔의 부분적 온라인 정체성이 모여, 나의 온전한 정체성을 구성하는 과정이다. 저자는 이런 정체성을 사이버 '무지개 정체성'으로 명명하고자 한다. 개인의 온라인 정체성은 오프라인의 삶과 소비 형태와도 상호적으로 영향을 미친다. 한편 오프라인에서도 기존의 가식적 페르소나를 벗어나, 자신의 본질적 정체성과 개인가치를 찾아 가는 과정에, 새로운 멀티 페르소나를 보여 준다. 최근 유행하는 '부캐(부 캐릭터)'란 말도 자신을 다양한 캐릭터로 표현하고 형성해 간다는 트렌드를 보여 준다. 2020년에 한국에서 유행한 MBTI 테스트를 필두로 한 각종 심리 및 성격 테스트도, 가식이 아닌 진짜 나의 정체성을 알고 싶다는 현대인의 욕구를 보여 준다.

디지털 사회는 개인 네트워크 사회를 만든다. 개인 네트워크 사회는 수직적이고 위계적 체계로 운영되지 않는다. 토머스 L. 프리드만은 《세계는 평평하다》에서 현대사회는 둥근 사회가 아닌 평평한 사회가 되었다고 지적한다. 명령하고 지시받는 하향식 구조에서, 동등하게 협력하고 서로 돕는 수평적이고 협동적 네트워크 구조로 바뀌고 있다고 말한다. 이런 사회에서 변화의 주체와 동력은 국가나 기업이 아닌 개인이라고 주장한다. 열린 디지털 네트워크는 유동(遊動)의 자유를 가져오고, 유동의 자유는 개인의 평등을 초래한다. 가령 정보에 대한 개인의 자유로운 접근은, 개인의 정보에 대한 평등을 초래한다. 디지털 네트워크는 기본적으로 1인 1표 방식의 민주적 시스템으로 운영된다. 온라인 네트워크, 예로 소셜 미디어 계정은 1인 1계정이고, 부자나 가난한 자나 '좋아요'를 누를 수 있는 권한은 한 번뿐이다. 부와 권력이 있다고 디지털 네트워크에서 더 영향력을 행사하거나 강제할 수 없다. 디지털 네트워크에서 영향력은 자본이 아닌 개인의 관심, 가치, 욕망에서 나오기 때문이다. 자본의 크기에 따라 불평등하게 운영되는 자본주의 시스템과 본질적으로 다르다.

디지털 네트워크에서는 어떠한 대의기구나 사제계급도 존재하지 않는다. 각 개인은 인터넷과 스마트폰으로, 그의 관심과 욕망을 좇아 네트워크를 노마드(유목민)이자 디지털 유령으로 떠돈다. 그는 어떠한 중개자도 필요하지 않으며, 자신의 욕망을 직접 표출하고 좇아간다. 따라서 수많은 네트워크 관계망을 예측 불가하게 떠도는 모든 개인을,

국가와 기업은 예전의 파놉티콘* 방식으로 통제할 수 없다. 이제 개인은 국가와 자본의 통제에서 벗어나, 저항하고 새로운 변화를 만들 수 있는 환경을 손에 쥐게 되었다. 개인으로서 소비자가 어떻게 자본과 대결하고, 사회를 바꿀 것인가는 이어지는 〈자본의 몰락〉 편에서 자세히 다루고자 한다.

＊ 파놉티콘(Panopticon) ·············

제레미 벤담이 죄수를 완벽하게 감시하고 통제하기 위하여 제안한 원형 감옥이다. 원주를 따라서 죄수를 가두는 방이 있고, 중앙에는 죄수를 감시하는 원형 공간이 있다. 죄수는 간수를 볼 수 없지만, 간수는 많은 죄수의 작은 움직임도 알 수 있다. 일반적으로 교도소, 병원, 학교, 군대, 공장 등 자본주의 통제 시스템을 의미한다. 현대사회에서는 곳곳을 비추는 CCTV로 감시가 가능하다. 한편으로는 현대사회가 고도화될수록 정보사회식 파놉티콘의 우려도 제기된다. 하지만 정보사회에서는 시민이 통제자를 역으로 감시하는 역파놉티콘도 가능하고, 너무 많은 정보 및 정보의 글로벌 편재로 한 국가나 기업이 완전한 파놉티콘 권력을 가지기도 어렵다. 가령 중국 정부가 일정 부분 중국 내 인터넷망을 통제할 수 있지만, 모든 시민의 모든 인터넷 활동을 감시하고 통제하기는 어렵다.

소비에서도 개인은 주도권을 쥐게 된다. 오늘날 대체할 수 없는 개인은 소비자로서 개인이다. 미래학자 페이스 팝콘은 21세기 마케팅 트렌드를 예견하면서 에고노믹스(Egonomics)를 주요 항목으로 꼽은 바 있다. 에고노믹스란 '개인화 경제'를 말한다. 이전까지는 경제 활동이 주로 생산에 맞춰져 있었지만, 이제는 개인의 소비 활동이 경제 전반에 큰 영향력을 행사한다는 주장이다. 에고노믹스 소비사회에서는 '모든 개인의 취향과 개성은 존중'된다고 말한다. 에고노믹스 시장은 '상품의 개인화', '소비의 자기표현', '개방형 개인주의', '생산형 소비'의 특징을 가진다. 자본은 노동자의 노동을 고용계약으로 강요할 수 있지만, 소비자의 구매를 직접적으로 강요할 수 없다. 그래서 자본은 보이지 않는 사회 · 경제적 영향력을 동원하여, 군중으로서 소비자를 구매 및 소비하도록 만들어 왔다. 하지만 점점 더 많은 개인 소비자가 자본의 일방적 영향력 행사에 저항하고 있다. 개인 소비자로서 자각과 쌍방향 커뮤니케이션 요구는, 기업과 자본에 새로운 힘겨운 도전과 변화를 초래한다.

관심의 경제

현대사회의 새로운 화폐 중 하나는 '관심'이라는 화폐이다. 인간은 원초적으로 타인의 관심에 의지해 산다. 유아의 경우 부모의 관심을 끌지 못하면 생존 자체가 불가능하다. 좀 더 자라 청년이 되어도 이성의 관심을 끌지 못하면, 배우자를 얻지 못하고 종족 번식을 이룰 수 없다. 현대사회에서도 관심은 개인과 기업의 생존과 성공에 많은 영향력을 미친다. 그래서 개인은 오프라인뿐만 아니라 온라인에서도 즉 유튜브, 페이스북, 트위터, 블로그 등에서도 자신의 또 다른 자아를 만들어 다른 이의 관심을 받기 원한다. 개인 자신이 시장 상품화되면서 타인의 관심을 끌지 못하는 개인은 시장에서 가치가 떨어지기 때문이다. 가령 취업 면접에서 면접관의 관심을 끌지 못하면, 취업이 어렵고 사회에서 생존이 어려워진다. 하지만 갈수록 개인은 타인의 관심과 인정을 받기가 어려워졌다. 모두가 시장에서 자신의 상품 가치를 높이기 위하여 너무 바쁘고 남을 돌아볼 여유가 없기 때문이다. 관심을 얻기 위한 경쟁의 심화와 타인에 대한 무관심 증가로, 개인과 기업은 사람들의 관심을 얻기가 더 힘들어진다. 게다가 한번 얻은 관심도 곧 연기처럼 사라진다. 인터넷 덕분에 인기를 얻은 대부분 사람도, 앤디 워홀이 말한 15분의 명성이 지나고 나면, 다시 망각의 블랙홀로 사라진다.

디지털 정보화 시대에는 관심은 더욱 희소한 자원이 된다. 인터넷의 너무 많은 정보와 선택지는 소비자가 자신의 희소한 자원인 관심을 배분하는 데 더욱 조심스럽게 만들었다. 노벨 경제학상 수상자인 허버트 사이먼은 "정보가 무엇을 소비하는지는 분명하다. 바로 정보 수용자의 관심이다. 따라서 정보가 넘쳐나면 관심은 부족하게 된다"고 지적한다. 개인 자신의 상품이든 기업의 상품이든 소비자의 관심을 얻지 못하면 성공이 어렵기 때문에, 관심을 얻기 위한 경쟁은 더욱 치열해지고, 관심을 얻기는 더욱 힘들어진다. 그래서 기업, 정치인, 연예인, 예술가 심지어 비영리단체까지 소비자의 관심을 얻기 위하여 치열하게 경쟁한다. 특히, 현대 문화산업 목표는 소비자의 시간과 관심을 얻는 것이다. 디지털 시대의 수많은 무료 콘텐츠도, 소비자가 기업 광고에 자신의 희소한 자원인 관심을 지불하는 대가이다. (기업도 더 까다로워진 소비자의 관심을 얻기 위하여, 더 많은 자원을 홍보와 광고에 쏟아붓는다) 토머스 데이븐포트도《관심의 경제학》에서 "우리는 모두 관심의 경제에 살고 있다. 새로운 경제·사회에서는 자본, 노동력, 정보, 지식은 넘쳐난다. 부족한 건 사람의 관심이다"라고 지적한다. 더 나아가 소셜 미디어 확산으로 사람의 관심 자체가 하나의 상품으로 소비된다. 이제는 사람들의 관심을 얻는다는 건 부와 명성의 취득을 의미한다. 유튜브에서 자극적이고 폭력적 내용이 횡행하는 현상은, 관심을 얻기 위한 욕망이 얼마나 크고 치열한지를 잘 보여 준다.

소비사회의 개인도 누구나 타인의 관심에 목말라한다. 단순히 명성과 성공을 쟁취하기 위한 관심만이 아니다. 경쟁 스트레스와 좌절이 증가하면서, 개인은 타인의 따뜻한 관심과 인정을 더욱 목말라한다. 하지만 소비사회에서 개인이 얻을 수 있는 관심은 갈수록 줄어들고 있다. 다들 타인의 관심을 얻기 위하여 너무 바쁘고, 희소한 자원인 자신의 관심을 쉽게 나누어 주지 않기 때문이다. 그래서 20세기에는 모두가 돈에 목말라했듯, 21세기에는 모두가 타인의 관심에 목말라한다. '관종(관심병 종자)'이라는 새로운 용어가 유행하는 현상은 이를 잘 보여 준다. 관심은 소비사회에서 모두가 절실히 원하지만, 가장 부족하고 얻기 힘든 희소한 자원이자 교환 화폐가 되었다. 이제는 우리가 간절히 원하지만, 더욱더 얻기 힘든 건, 나의 말을 들어주는 타인의 관심이다. 21세기에는 결국 타인의 관심을 얻지 못한 많은 사람은, 그들 말을 들어주는 반려동물이나 로봇에 더 정서적으로 의존할 수 있다. 한편 개인은 자신에게 진정한 관심을 보이는 사람이나 대상에, 자신의 희소한 자원인 관심을 더 나누어 준다. 하지만 개인은 상업적 또는 자신을 대상화하는 '허위 관심'은 구분하고 민감하게 선별한다. 오랜만에 지인에게 온 전화나 상점 판매원의 알랑거림 수사가, 나에 대한 진정한 관심인지, 대상화된 목적성이 있는 관심인지를 소비자는 직관적으로 파악한다. 나의 존재에 대한 관심인지, 내가 가진 것에 대한 관심인지 구분하여 다르게 대응한다. 이는 마치 지폐가 위조지폐인지 아닌지 구분하는 경우와 같다.

新르네상스

문화는 넓게 보면 타인과 체험을 공유하는 놀이이다. 문화는 생산적이기보다는 소비적이다. 사회자원을 다른 대상의 생산을 위해 사용하기보다는, 인간 삶의 즐거움과 기쁨을 위해 소비하기 때문이다. 그래서 문화는(놀이는) 재미있고 자발적이고 공동체성이 있다. 아이들 놀이를 보면 쉽게 알 수 있다. 다니엘 벨은《자본주의의 문화적 모순》에서 "문화는 더 이상 우리가 일하고 성취하는 방식이 아니라, 소비하고 즐기는 방식이 된다"고 말한다. 하지만 원래 문화는 삶을 소비하고 즐기는 방식이었다. 농경시대 노동요조차 노동의 고됨을 줄이고, 잠시 여유와 즐거움을 찾고자 만들어졌다. 프리드리히 실러는 "사람은 가장 인간다울 때 놀고, 사람은 놀 때 가장 인간적이다"라고 말한다. 결국, 문화는 인간적 삶을 즐기는 사회적 놀이라고 할 수 있다.

21세기는 이전보다 문화가 중요한 시대가 되고 있다. 두 가지 측면에서 그러하다. 소비사회가 생존의 삶에서 문화의 삶으로 바뀌는 경향이 하나의 측면이다. 인간은 기본적 생존수단이 확보되면, 삶을 즐기는 문화를 찾는다. 물질적 풍요를 얻었지만, 20세기 경쟁하는 삶에 지친 사람들은, 이제 자신의 인간적 삶을 되찾고 즐기는 길로 돌아서고 있다. 여가 시간을 어떻게 보낼 것이냐가 중요한 시대가 되었다. 두 번째 측면은, 문화가 소비자본주의의 성장 동력의 하나로 작동한다는 사실이다. 소비자의 소비를 무한정 확대할 수 있는 대상은 문화산업이 가장 적합하다. 세끼 먹는 음식은 무한정 소비시킬 수 없지만, 문화산업 소비는 끝없이 증대시킬 수 있다. 두 가지 동력으로 문화산업은 소비자본주의의 가장 부가가치 높은 성장 산업이 되었다. 온라인 게임,

여행, 패션, 영화, 드라마, 요리, 음악, 공연, 웹툰, 예술 등 문화산업은 가장 부가가치가 높고 번창하는 산업이 되었다. 아울러 21세기 소비사회의 문화산업은 단순히 보고 듣는 게 아닌, 개인이 참여하여 즐기는 문화체험산업으로 나아가고 있다. 소셜 미디어에서 확산되고 있는 MZ세대(밀레니엄과 Z세대) 놀이는, 재미와 기발함을 기반으로 같이 참여하여 즐기는 인터랙티브 콘텐츠를 만들어 가고 있다. 대표적 문화체험 상품으로서 여행도, 21세기에 가장 빠르게 성장하는 소비상품이 되었다. (2020~2021년에는 코로나 19로 인하여 크게 위축되었지만, 이는 일시적 현상으로 코로나 19 이후 여행산업은 더욱더 빠르게 성장하리라 예상된다) 카페, 서점, 공연장, 식당, 쇼핑몰, 공공시설 등도 복합문화체험 공간으로 진화하고 있다. 문화체험 욕구는 다른 상품 소비와도 결합하여 더욱 확산된다. 예로 뉴트로(New-tro)라고 불리는 복고풍 상품과 서비스의 유행도, 아날로그 문화체험 욕구 현상으로 볼 수 있다. 최근에는 소비자가 스스로 참여하여 문화를 만들고 관여하여 발전시키는 현상이 뚜렷해진다. 팬슈머라고도 불리는 팬덤 소비자는 자신이 좋아하는 문화와 가치를 만들고 확산시키는 데 적극 참여한다. 역사가이며 미디어 비평가인 닐 개블러는 문화산업에서 일어난 혁명은, 우리 시대를 움직이는 가장 막강한 사회경제적 동력이 되고 있다고 주장한다.

한편 21세기의 문화 부흥으로 문화산업에서 노동(직업)과 놀이의 경계가 허물어지고 있다. 프로게이머에게는 게임은 놀이이자 노동이다. 많은 유튜버는 정보, 게임, 요리, 뷰티, 먹방 등 다양하고 개성이 강한 주제의 영상을 유튜브에 올려, 놀이가 수익을 올리는 일이 되기도 한다. 최근에는 자신의 사소한 일상까지 유튜브에 영상으로 남기는 브이로그(Video Blogger)가 확산하고 있다. 커피 전문가 바리스타나 와인 전문가 소믈리에 경우처럼, 취미 생활이 직업 활동으로 이어지기도 한다. 여행을 즐기는 여행 가이드에게는 생계를 위한 일이 즐거운 놀이가 될 수 있다. 문화산업에서 이런 경향은 문화가 놀이에 바탕을 두고 산업으로 발전하면서 자연스러운 현상이 되었다. 한편 IT산업과 문화산업은 서로의 필요성으로 상호 협력을 강화하고 있다. 유튜브, 넷플릭스, 아이튠즈, 인스타그램 등은 저렴한 비용으로, 문화 상품이 실시간으로 전 세계로 퍼질 수 있는 플랫폼을 제공한다. 이는 문화산업이 전 세계적으로 급속히 성장하는 데 큰 역할을 한다. 실제로 K-드라마와 BTS의 세계적 성공은 이런 플랫폼을 기반으로 이루어졌다. 제5차 산업으로 불리는 문화산업은 IT 산업과 융합으로 발생하는 제5차 산업 혁명을 이끌고 있다. 여가 시간 증가와 삶의 질과 즐거움에 대한 욕구의 증대로, 앞으로 문화산업은 지속적으로 성장하면서, 어느 산업보다 많은 부가가치와 일자리를 만들어 낼 것이다.

요가복 업체가 BMW를 넘어서다?

2020년에 '요가복계의 샤넬'로 불리는 미국 룰루레몬의 주식 시가총액이 독일 BMW를 넘어섰다. 미국 집수리용품 판매회사 홈디포도 과거 미국 시가총액 1위 상징이었던 엑손모빌을 추월했다. 일본에서도 자전거 부품 회사인 시마노는 일본 자동차 회사 닛산의 시가총액을 넘어섰다. 이는 문화 및 라이프스타일에 관련된 산업이 급속히 성장한다는 현상을 여실히 보여 준다.

문화 활동에 관한 관심과 참여 증가는 소비자의 삶과 소비 패턴도 변화시키고 있다. 기업 컨설턴트 마이클 실버스타인은 2003년에 '트레이딩 다운'(Trading down: 특정 분야 지출에는 의식적으로 매우 인색한 소비)과 '트레이딩 업'(Trading up: 절약한 돈으로 특정 분야의 고가 상품을 구매하는 행위)이라는 개념을 도입했다. 자신 삶의 질을 높이는 제품이나 서비스에 대해서는 20%에서 200%까지 돈을 기꺼이 더 지출하고, 그 대신 정서적 만족감이 떨어지는 부분에서는 절약하려는 태도를 보인다는 주장이다. BTS의 청소년 팬은 자신의 몇 달치 용돈을 아껴 정서적 만족감과 연대를 느끼는 BTS 공연에 쏟아 넣는다. 급여가 많지 않은 젊은이도 돈을 아껴서 자신이 꿈꾸는 여행을 떠나고, 고학력에 고소득을 올리는 사람도 먼 이국의 오지 땅에서 자아실현을 하고 싶어 한다. 바쁜 일상 속에서 살아가는 도시인도 때론 산속 사찰의 고요함과 명상을 꿈꾼다.

접속의 시대

네트워크 접속은 우리 생활에 깊숙이 파고들었다. 우리는 스마트폰을 24시간 곁에 두면서 언제든 접속을 준비한다. 지하철 안 풍경을 보면 대부분의 사람은 스마트폰으로 무언가에 접속하고 있다. 특히, Z세대(1996~2010년에 태어난 어렸을 때부터 디지털기기와 인터넷을 이용하며 자란 세대)는 접속의 세계에서 태어나고 성장하여 '디지털 신인류'라 칭할 수 있다. 디지털 네트워크 접속을 통하여 우리는 타인과 교류하고, 정보를 찾고, 쇼핑을 하고, 즐거움을 찾는다. 우리 삶의 상당 부분이 접속을 통하여 이루어지는 시대가 되었다. 제레미 리프킨는 《소유의 종말》(원서 제목은 《접속의 시대》)에서 미래사회에서는 소유보다 네트워크 접속이 더 중요해진다고 주장한다. 음원과 영상 콘텐츠 소비에서 다운로드하여 소유하는 방식이 아닌, 스트리밍 방식(넷플릭스, 유튜브 등)으로 바뀌는 추세도 이를 잘 보여 준다.

인터넷을 기반한 네트워크는 열린 네트워크다. 수직적이고 통제적 네트워크가 아닌, 수평적이고 통제 불가능한 네트워크이다. 우주 빅뱅처럼 끝없이 확장하면서 수많은 관계망을 만드는 네트워크를, 자본도 정부도 완벽히 통제할 수 없다. 이곳 커뮤니케이션은 일방 소통이 아닌 쌍방 소통을 기반으로, 뇌의 뉴런과 같은 수많은 관계망을 만든다. 온라인 네트워크로 개인은 적게는 수십 명에서, 많게는 수십만 명과 관계망을 만들 수 있다. 실례로 수십만 명 구독자를 가진 유튜버가 적지 않고, 누구나 페이스북으로 수천 명의 친구를 만들 수도 있다. 커뮤니케이션 혁명의 시대가 도래하였다.

개인은 네트워크와 관계망을 유령처럼 떠돈다. 욕망의 흐름을 따라 이동하는 디지털 유목민이 된다. 이 경향은 바우만이 주장하는 현대사회에서 모든 단단한 것을 녹여 섞는 '액체근대'적 성격을 강화한다. 그들은 고정되지 않고, 욕망의 흐름으로 나타나고, 때론 결집하고, 경계를 넘어서고, 어느 순간 연기처럼 사라진다. 네트워크에 흐르는 욕망은, 프로이트나 라캉이 말하는 '결여로서 욕망'이 아니라, 들뢰즈와 가타리가 제시하는 '생산하는 욕망'이다. 생산하는 욕망은 리좀(뿌리줄기: 고구마 줄기와 같이 줄기가 뻗어 나가서 새로운 뿌리를 만드는, 뿌리와 줄기 구별이 사실상 모호해진 상태를 의미) 방식으로 네트워크를 떠돌며, 새로운 생산 가능성을 만든다. 위계적인 수목에 비해 리좀 방식은 욕망의 자연스러운 흐름에 따라, 새로운 접속과 특이성 및 무한한 창조 가능성을 보여 준다. 마치 몽골 옛 유목민처럼 떠돌면서 가치, 관심, 재미가 있는 인터넷 커뮤니티나 관계망에 수많은 새로운 세계를 만들어간다. 특히 유튜브, 인스타그램, 페이스북 등 소셜 미디어에서 만들어지는 새로운 소비와 라이프스타일은 혁명적 관계망의 가능성과 확장성을 잘 보여 준다. 하지만 관계망은 의미와 관심이 없어지면 연기처럼 사라진다. 따라서 이 관계망은 느슨한 특성을 지니지만, 그 느슨한 만큼 자유롭고 확장 가능성을 가진다. 들뢰즈와 가타리는 유목적 삶을 실현하는 해방공간을 노모스(Nomos)*로 칭한다.

* 21세기 노모스(Nomos)

온라인 네트워크에는 수많은 관계망이 만들어진다. 각각의 관계망에서는 자율적 규칙과 언어 및 행동이 만들어지면서, 새로운 특이성을 가진 유목적 삶의 세계가 생성된다. 기본적으로는 가입과 탈퇴가 자유롭지만, 내부적으로 자율적 소통 방식과 규칙이 만들어지면서, 혼란과 무책임은 제어된다. 그들만의 소통 언어(일명 은어)로 다른 관계망과 차별화되고, 그들만의 연대 의식과 가치 및 재미를 찾는다. 예로 Z세대 한 페이스북 팸 그룹 모집 공지글은 아래와 같다. "ㅇㅇ팸 들어올 ㅅㄹ, 강반, 하패불가, 양식:얼사와 소통률, 나이, 괄자친추, 소통률 속ㄴ, 최고2좋아요2." 이 글은 "ㅇㅇ팸 들어올 사람, 팸에서는 강제로 반말하기, 하이패스(지인 추천) 불가, 댓글로 얼굴 사진과 활발히 활동할 것인지 올리기, 나이 기재, 관리자 친구 추가, 소통 비율 속이지 않기, 가입 글에 최고예요 2개와 좋아요 2개 달려야 받아 줌" 이란 의미이다.

네트워크를 떠도는 개인은 펠릭스 가타리가 주장하는 욕망투쟁과 분자혁명(일상생활의 혁명)을 만들어 간다. 기존의 혁명(프랑스 혁명 또는 러시아 혁명 등)은 혁명 주체세력의 생성과 대중의 물리적 투쟁으로 진행되었다. 하지만 네트워크상 욕망투쟁과 분자혁명은 각각의 개인과 통일되지 않은 세력의 이합집산으로 이루어진다. 예로 반세계화 운동 시위는 농민단체, 환경단체, 무정부주의 단체, 공산주의 단체 등 수많은 이질적 그룹과 개인이 네트워크를 통하여 만들어 내고 이내 흩어진다. 아랍의 봄 시위와 미국의 월스트리트 점거 시위, 한국의 광우병 시위 등도 조직적 정치세력이 만들어 내지 않았다. 온라인 네트워크를 기반으로 발생하는 다른 수많은 저항과 투쟁도 같은 모습을 보여 준다.

개인도 각자의 삶과 접속을 통하여 자신만의 욕망투쟁과 혁명 활동을 한다. 가타리가 예를 든, 개인이 주방에서 무엇을 구매하여, 어떤 방식으로 요리하여 먹는가 하는 일상이 개인의 삶과 사회 변화를 만드는 하나의 혁명 방식이 된다. 시장 장바구니가 혁명 무기가 되기도 한다. 소규모 온라인 관계망(카톡방, 밴드, 인터넷 커뮤니티 등)에서 새로운 정체성을 만들고 실천하는 일상도 하나의 혁명 활동이 된다. 네트워크상 저항과 투쟁은 아나키스트적 혁명으로 나아가는 측면도 있다. 일찍이 영국의 아나키스트 콜린 워드는 피라미드 방식이 아닌, 네트워크 방식 혁명이 필요하다고 주장하였다. 그는 자신의 운명을 스스로 결정하고 조정하는, 개인과 집단의 확장된 네트워크 지향과 연대가 필요하다고 주장하였다. 아나키즘 목표인 자치와 분권은 고립을 위한 조건이 아니라, 네트워크상 자율적 연대를 위한 조건이 된다. 소비자가 네트워크에서 행하는 혁명은 〈자본의 몰락〉 편에서 상세히 다루겠다.

한편 온라인 네트워크는 '공유'와 '협력'의 토대를 만든다. 대표적 사례로 우리에게도 이제 익숙한 공유경제는 재화, 공간, 경험, 재능 등을 다수의 개인이 협업을 통해, 다른 사람에게 빌려주고 나눠 쓰는 온라인 기반 개방형 경제모델을 말한다. 이는 독점과 경쟁이 아닌, 공유와 협동의 알고리즘을 기반으로 한다. 심지어는 고가의 자동차나 명품 등도 부담 없는 비용으로 대여할 수 있어, 과시소비에도 공유경제는 뿌리내리고 있다. 공유경제는 개인적 측면에서도 비용이 절감되어, 다양한 소비를 체험할 수 있고, 소유에 따르는 유지·폐기 비용과 번거로움을 줄여 준다. 제레미 리프킨는 2014년에 출간한 《한계비용 제로사회》에서 미국인의 약 40%가 이미 공유경제에 참여하고 있다면서, "자본주의 시스템의 막은 내려가고, 그 대신 협력적 공유사회가 부상하고 있다"고 말한다. 그는 '무료에 가까운 재화 및 서비스'를 사회적으로 공유하는 협력적 공유경제가, 이미 우리 경제생활에 깊이 들어와 있다고 말한다. 공유경제는 프로슈머(직접 생산하는 소비자)와 3D 프린팅, P2P 네트워크, 협동조합, 사회적 기업, 대안화폐, 신재생에너지, NGO, 공유경제 플랫폼 등을 통해 구체적으로 실현되고 있다. 실례로 리눅스와 위키피디아 경우, 소비자는 협업 네트워크를 확장하는 데 자발적으로 참여한다. 그들은 자신의 창의력을 다른 사람을 위해 활용하는 기쁨을 나누고, 꾸준히 개선되는 네트워크에 마음대로 접근할 수 있는 혜택을 누린다. 정보, 지식, 문화 등 소프트웨어는 공유하고 협력할수록, 가치는 커지고 모두에게 도움이 된다. 소프트웨어는 추가 생산비용은 극히 낮지만, 추가 효용은 무한대로 확장될 수 있기 때문이다. 게다가 확장되는 과정에서 새로운 가치와 아이디어가 추가되면서, 해당 소프트웨어는 더욱 발전된다. (더 많은 사람이 사용한다는 자체가 해당 프로그램의 영향력과 가치를 높인다) 공유와 협력이라는 네트워크상 새로운 현상은, 자신의 이익만을 추구한다는 자본주의 시장경제에 변화와 균열을 만들고 있다.

제3지대 부활

제3지대는 비화폐 시장지대이다. 경쟁과 이익을 추구하는 시장경제가 아닌 공동체의 연대경제이다. 신뢰를 바탕으로 상호 협력과 돌봄을 제공하는 공동체의 '배려경제(economy of regard)'이다. 가족과 공동체의 돌봄과 배려, 상호부조, 대가 없는 도움 등이 배려경제를 형성한다. 자본주의 시대 이전에는 시장경제도 존재하였지만, 대다수 사람은 공동체의 배려경제에 의지해 삶을 유지해 왔다. 마샬 살린스는 《최초의 풍부한 사회》에서 수렵 채집사회는 절대적 빈곤에도 불구하고, 진정한 풍부함을 누렸다고 지적한다. 그들은 기아 상태에서도 서로 간 신뢰를 바탕으로, 사회관계의 투명성과 상호부조로 풍부한 생활이 가능하였다고 한다. 그들의 생존을 위한 노동시간도 현대사회의 노동시간보다 훨씬 적었다. 하지만 자본주의 시장경제의 확대로 배려경제는 대체되고 축소되었다. 배려경제가 제공하는 많은 일상이 시장에서 화폐로 교환되는 상품과 서비스로 대체되었다. 그런데 배려가 시장 상품화되면서, 배려가 가진 공동체의 신뢰와 따뜻한 인간적 가치는 사라졌다. 시장은 모든 일상에 화폐적 가치를 부여하여, 모든 일상의 인간적이고 자연적 가치를 없애 버렸다. 그리하여 시장 효용은 증가하였지만, 사람 마음속 효용은 감소하였다. 막스 베버도 개인적 관계가 점점 시장을 통하여 화폐화되고 익명화될수록, 사회는 서로 간에 냉담하고 불쾌한 관계를 낳는다고 지적한다.

소비사회

인종학자 한스 페터 뒤러는 인간은 단순한 표면적 접촉이 아니라, 서로 간 따뜻한 관계가 이루어지는 작은 인간집단에 대한 원초적 욕구를 가진다고 지적한다. 따라서 공동체의 신뢰와 따뜻한 인간적 가치가 사라질수록, 사람들은 배려경제에 대한 갈증과 욕구를 더 가지게 된다. 점점 더 많은 사람이 쓸데없이 감정적 에너지만을 소모하거나, 가식적 웃음만을 보이는 형식적 대화(small talk) 대신, 따뜻한 관계의 필요성을 절감한다. 어머니의 무조건적 사랑을 시장상품으로 구매할 수 없듯, 배려경제가 제공하는 따뜻한 가족의 돌봄과 타인의 신뢰도 금전으로는 살 수 없다. 데이비드 핼펀은 《국가의 숨겨진 부》에서 배려경제가 국민의 행복을 증진하는 핵심이라고 주장하며, 공동체 구성원의 행복을 높이기 위한 '연대적 복지(affiliative welfare)'를 제안한다.

1980년대에 프랑스 사회과학자들을 제3지대와 시장경제를 구분하기 위해서 '사회적 경제'라는 용어를 도입했다. 사회적 경제는 이윤 극대화가 최고 가치인 시장경제와 달리, 사회적 가치를 우위에 두는 경제 활동을 말한다. 이 때문에 '사람 중심 경제'라고도 불린다. 구성원 상호 간 협력과 연대, 적극적 자기혁신과 자발적 참여를 바탕으로 한 사회서비스 확충, 복지 증진, 일자리 창출, 지역공동체 발전, 기타 공익에 대한 기여 등 사회적 가치를 창출하는 모든 경제적 활동이다. 실제적 활동에는 협동조합, 사회적 기업, 마을기업, 공익적 시민단체, 사회봉사 및 기부, 공동체 활동 등이 포함된다. 사회적 경제에서 제공하는 상품과 서비스는 시장경제보다 가격이 합리적이고 질 또한 좋은 경우도 적지 않다. 단순히 화폐적 가치만이 아니라 인간적 가치, 즉 인간의 따뜻한 마음과 헌신이 녹아 있기 때문이다.

자본주의가 고도화되면서 국가의 복지제도와 더불어 사회적 경제 활동도 증가하고 있다. 점점 더 많은 사람이 자발적 조직에 가입하여, 개인적 고립과 소외감을 극복하고, 진정한 공동체의 일원이 되기를 원하고 있다. 생산자와 소비자를 하나의 공동체로 연결하는 생활협동조합은 1844년 영국 로치데일에서 시작된 이후, 100개국에서 약 7억 명의 조합원이 활동하는 공동체로 성장하였다. 유럽의 FC바르셀로나라는 세계 최고의 축구팀, 선키스트, AP통신 등도 협동조합을 기반으로 한다. 유럽연합의 매출액 상위 50대 기업 중 15개 기업이 협동조합이라는 사실도 눈여겨볼 점이다. 60년 역사를 자랑하는 스페인 몬드라곤 협동조합 경우, 세계 경제 위기 때 스페인 전역에서 기업의 구조조정과 대량해고가 발생했으나, 협동조합에 소속된 직원을 단 한 명도 해고하지 않았다. 시장경제가 가장 발전한 미국에서도 성인의 자원봉사 참여 비율은 40%를 넘어선다.

윤리적 소비

21세기 접어들어 누구도 부인할 수 없는 중요한 시장 변화 중 하나가 '윤리적 소비'의 부상이다. '개념 소비' 또는 '착한 소비'라고 불리기도 하는 윤리적 소비는, 소비자가 상품이나 서비스를 구매할 때, 윤리적 가치판단에 따라 의식적으로 올바른 선택을 하는 행위를 말한다. 예로 인간이나 동물, 환경에 해를 끼치는 상품은 피하고, 환경과 지역사회에 도움이 되거나 공정무역을 통해 만들어진 제품을 구매하는 행위이다. '갑질 기업'의 제품을 불매하고 '착한 기업'의 제품을 사는 행위도 윤리적 소비의 일종이다.

인간은 이기적이고 세상은 적자생존이라는 인간 본질에 대한 다원주의적 믿음은, 생물학에서 거울신경세포 발견으로 무너지고 있다. 뇌과학과 심리학의 새로운 발견은 인간은 적대적 경쟁보다는, 유대감과 공감이라는 고차원적 욕구를 지향한다는 사실을 증명한다. 인간은 이기심만으로 움직이지 않는다. 소비에서도 과소비와 과시소비로 만족과 행복을 찾을 수 없는 소비자는, 이제는 윤리적 소비로 자신의 만족과 가치를 더 높일 수 있다고 깨닫고 있다. 소비하면서 동시에 사회적 가치를 증진한다는 건 개인의 만족감과 가치를 높이기 때문이다. 아울러 소비자는 개인적 이익만을 추구하기보다는, 연대로 소비자의 더 큰 이익을 얻을 수 있다고 배우고 있다. 이에 따라 공동체 및 환경과 건강한 관계성이 소비 영역에서도 점점 더 중요한 가치로 부각되고 있다. 소비자는 '우리의 행복'은 '나의 행복'의 중요한 일부분이라는 사실을 깨닫고 있다.

공정무역은 전 세계적으로 확산되고 있는 윤리적 소비 활동이다. 우리가 만 원짜리 커피 한 봉지를 산다면, 커피를 재배하는 농부에게는 얼마가 돌아갈까? 보통 커피라면 겨우 50원 정도가 농부 몫이다. 하지만 공정무역 커피를 산다면 600원 정도가 농부 몫이 된다. 원유에 이어 세계적으로 두 번째로 교역량이 많은 커피는, 현재 개발도상국 50개국에서 약 2,500만 명의 농민에 의해 재배된다. 하지만 커피 재배 농가 3분의 2가량이 절대빈곤에 허덕인다. 공정무역 커피를 소비한다면 소비자로서 가격 부담에 큰 차이가 없지만, 농부로서는 수입이 무려 12배나 늘어난다. 윤리적 소비자라면 공정무역 커피를 선호할 수밖에 없다. 공정무역은 공정여행으로도 범위가 확대되고 있다. 다른 먹거리에서도 생활협동조합이나 현지 직거래 등으로 농부의 이익을 보장하고,

친환경 먹거리로 건강과 환경보호라는 사회 가치를 지키려는 노력이 많아지고 있다. 여론조사 회사 닐슨이 2015년 전 세계 소비자 55만여 명을 대상으로 조사한 결과, 응답자 중 66%가 사회에 긍정적 영향력을 미치는 회사 제품이라면 조금 비싸더라도 지갑을 열겠다고 밝혔다.

　한국 사회에서는 2018년 쓰레기 대란과 2019년 미세먼지 심각화 등 환경문제가 크게 사회 문제가 되었다. 그 외에도 바다 생태계 황폐화와 어족자원 오염, 지구온난화로 인한 기상이변 등으로, 소비자는 이제 환경문제가 자신 및 후손의 생존과 행복에 직접적으로 영향을 미친다는 사실을 깨닫고 있다. 그런데 환경문제는 대체로 소비자의 소비 방식에서 기인하기 때문에, 결국 소비자가 자발적으로 소비 방식을 바꾸어 해결할 수밖에 없다. 과소비를 줄여 쓰레기를 줄이고, 썩지 않는 플라스틱과 비닐 사용을 자제하고, 과시소비를 줄여 에너지 사용을 낮추고, 친환경 제품을 소비하여 환경문제를 해결할 수밖에 없다. (소비자가 구매하지 않는다면, 기업도 환경에 악영향을 끼치는 제품을 생산할 이유가 없다) 그렇게 하지 않으면 자연과 인간 공멸을 초래할 수밖에 없다. 그래서 소비자는 나의 이기적 만족만을 생각하는 소비 방식에서 벗어나, 윤리적 소비*로 환경과 사회 문제를 해결하고자 한다. 마틴 레이먼드는 《미래의 소비자들》에서 윤리적 소비자를 '컨슈머니스트(Consumanist: 구매 시 가격보다는 윤리적 가치를 고려하는 소비자)'라고 일컫는다.

* **선한 영향력** ⋯⋯⋯⋯⋯⋯⋯⋯⋯⋯⋯⋯⋯⋯⋯⋯⋯⋯⋯⋯⋯⋯⋯⋯⋯⋯⋯⋯⋯⋯
　21세기 소비자는 자신의 소소한 배려, 관심, 의견 등이 선한 영향력으로 사회를 보

다 개선할 수 있다고 믿는다. 이들은 늦은 밤까지 고생하는 택배기사에게 소소한 감사 메모나 음료수 전달, 일회용 플라스틱 사용 자제, 코로나 19 의료진 응원, 선행한 가게 홍보 등에 적극적으로 나선다. 그리고 이런 행위를 인증하여 소셜 미디어에 올려, 타인의 공감과 연대를 끌어내고, 나비효과처럼 이를 확산시킨다. 이들은 이런 행위로 타인의 관심과 인정을 얻을 뿐만 아니라, 타인과 연대 의식 및 자신의 만족도와 가치가 높아진다고 믿는다.

한발 더 나아가 소비자는 기업을 압박하여 사회 문제를 해결하고자 한다. 나이키는 파키스탄 공장에서 저임금으로 어린아이들을 고용하여, 전 세계적 소비자 불매운동을 불러일으켰다. 한국의 경우는 특히 기업주 갑질 행태에 대한 분노로, 해당 기업에 대한 불매운동이 거세다. 소비자는 이제 주어진 상품만을 소비하는 수동적 존재가 아니다. 인터넷 네트워크와 소셜 미디어로 무장하고 기업이 윤리적 경영을 하도록 압박한다. 문화학자 니코 슈테어는 윤리적 소비자의 공격에서 더 이상 안전한 소비 영역이 없어진 최근 상황을 '시장의 도덕화' 개념으로 설명한다.

기업도 윤리적 문제가 브랜드와 매출에 치명적 손상이 된다는 것을 잘 알고 있다. 윤리적 문제가 발생하여 불매운동 대상이 되거나, 소비자 인식에 부정적으로 각인이 될 경우, 예전 기업 평판을 온전히 회복하기란 사실상 불가능하다. 더 나아가 기업은 친환경적이고 윤리적 기업이 매출이 증대되고, 미래에 생존할 수 있다는 것도 시장 변화를 통하여 체감하고 있다. 실제로 환경보호를 위한 기술 및 경영이, 국가와 기업 경쟁력을 높이는 미래 생존기술이자 시장장벽*으로 작용하고 있다. 이처럼 21세기 들어 지구환경이 악화되고 기업의 윤리성이 부각됨에 따라, 기업의 사회적 책임에 관한 관심이 많이 늘어났다. 기업의 사회적 책임에는 윤리경영, 투명경영, 환경경영, 문화경영, 사회공헌 등 다양한 사회적 및 윤리적 활동이 포함된다. 최근에는 ESG가 새로운 기업경영 방식으로 떠오르고 있다. ESG란 환경보호(Environment), 사회공헌(Social), 윤리경영(Governance)의 줄임말로 기업이 환경보호에 앞장서고, 사회적 약자 지원 및 사회공헌을 활발히 하며, 지배구조를 개선하여 법과 윤리 규정에 맞게 투명경영을 해야 한다는 새로운 경영 방식이다. 유럽연합(EU)과 미국에서는 이미 기업을 평가할 때 ESG가 중요한 기준으로 자리 잡고 있다. 이런 변화에 맞춰 미국에서는 베네핏(Benefit) 기업이 3,000개로 늘어났다. 베네핏 기업은 이윤을 추구하면서, 동시에 기업 시민으로서 사회적 책임도 수행하는 경영 방침이 정관으로 정해진 기업이다. 각국 정부도 이런 기업에 대한 지원과 혜택을 강화하고 있다.

* 녹색무역장벽 ··

현재 선진국은 무역과 산업에 대한 환경규제를 강화하고 있다. 전 세계 온실가스 14%를 만들어 내는 내연기관차에 대하여 유럽은 2025년부터, 중국은 2030년부터, 한국은 2035년부터 점차 생산과 판매를 금지할 예정이다. 선박에도 국제해사기구 환경규제로 기존 석유연료 추진선이 가스연료 추진선으로 바뀌고 있다. 선진 각국과 글로벌 기업들도 탄소중립 정책을 속속 도입하고 있다. 더 나아가 상대 무역국이나 거래업체에도 탄소중립 정책을 거래 조건으로 내걸고 있다. 2021년 1월 기준 애플과 BMW, 구글, 월마트 등 280여 글로벌 기업이 이미 RE100 참여를 선언했다. RE100(Renewable Energy 100%)은 신재생에너지로 생산한 전력만 100% 사용해 제품을 생산한다는 개념이다. 이들 기업은 거래업체에도 거래조건으로 RE100 도입을 요구하고 있다. 이는 기후변화 문제를 해결하기 위한 측면도

소비사회

크지만, 이미 신재생에너지 기술과 인프라가 발전된 선진국과 글로벌 기업들이, 탄소중립 정책을 대규모 투자 기회 및 산업·무역 장벽으로 이용하려는 의도도 적지 않다. 이제 탄소중립 기술이나 산업재편을 위한 투자금을 갖지 못한 저개발국은, 선진국을 따라잡기가 더욱 힘들어졌다.

공정성

공정성은 21세기 새로운 윤리적 소비 기준의 하나로 대두하고 있다. 특히, 밀레니엄과 Z세대는 디지털 네트워크의 수평적 평등의식이 강하고 공정성에 민감하다. 그들에게 공정성이란 각 개인이 노력을 들인 만큼 상응하는 결과물을 얻는 것이고, 그 결과물을 얻기 위한 경쟁 과정에서도 공평한 조건과 규칙이 적용되어야 한다는 것이다. 그들은 기존 사회제도의 불공정성을 용납하지 않고, 특히 경쟁과 소비에서 공정성을 중요시한다. 갈수록 치열해지는 사회 경쟁에서 불공정은 그들의 생존을 위협하고, 그들의 디지털 평등의식과도 충돌하기 때문이다. 그래서 그들은 '공정 세대'라고도 불린다. 그들은 사회 불공정성에 대하여 민감하게 저항하면서, 소비 활동으로 공정성을 하나의 사회 가치로 실현하고 있다. 특히, 공정성은 정치 및 사회 이슈와 관련하여 파급력이 커졌다.

느림의 시장

'느림의 시장'은 경쟁과 속도를 중시하는 자본주의 시장의 반대 개념 시장이다. 덜 일 하고, 덜 소비하고, 더 행복하게 살자는 사람들이 만들어 가는 시장이다. 더 일하고, 더 소비하는 일상이 우리 삶의 질적 만족과 행복을 가져다주지 않는다고, 점점 더 많은 사람이 깨우쳐 가고 있다. 경쟁과 속도가 우리 삶을 더 불행하고 공허하게 만든다는 깨우침이다. 경쟁과 속도가 끝없이 치열해져, 더 많은 스트레스와 좌절로 몸과 마음이 훼손된다면, 그런 경쟁과 속도는 우리 삶의 행복에 역행된다. 과시소비 경쟁으로 타인에게 인정과 신뢰를 받기는커녕 질투와 갈등만 초래한다면, 굳이 남에게 과시하기 위한 소비를 할 필요가 없다.

느림의 시장을 추구하는 대표적 활동이 '슬로우푸드(Slow-food)' 운동이다. 이 운동은 1980년대 중반 로마의 명소로 알려진 에스파냐 광장에 맥도날드가 문을 열면서 시작되었다. 여기서 판매하는 패스트푸드(Fast-food)가 이탈리아의 식생활 문화를 망친다는 위기감이 슬로우푸드 운동으로 이어졌다. 맥도날드의 등장으로 프랑스 농부와 이탈리아 음식 비평가들은 요리, 식사, 대화, 여행 같은 사회·문화적 활동에서, '느림'이 의미하는 바를 되살려야 할 필요성을 깨달았다. 슬로우푸드 운동은 현대 문명 본질을 속도 전쟁으로 보고, 패스트푸드도 속도 전쟁의 산물로 본다. 슬로우푸드 운동이 느림의 대표 상징인 달팽이를 앞세우듯, 이 운동은 '속도 경쟁'에 지배당하는 현대인에게 '느림'이란 화두를 던져 준다.

슬로우푸드 운동은 먹거리를 넘어서 '느림'의 철학과 이념을 실천하는 삶, 슬로우라이프(Slow-life) 운동으로 이어졌다. 이후 슬로우푸드와 슬로우라이프 운동은 전 세계적으로 확산되었다. 한편 '반농반X'은 일본에서 시작된 슬로우라이프의 일종이다. 농업을 통해 정말로 필요한 것만 채우는 작은 생활을 유지하는 동시에, 저술·예술·지역 활동 등 '하고 싶은 일과 해야 하는 일(X)'을 하면서, 적극적으로 사회에 참여하는 슬로우라이프 방식이다. 농업으로 식량을 지속 가능하게 자급하여, 대량 생산·운송·소비·폐기를 멀리하는 '순환형 사회와 삶'을 추구하고, 자신이 가진 재능을 세상을 위해 활용하여, 자신의 인생은 물론 사회를 더 행복하게 만드는 대안적 삶의 방식을 말한다. 그 외 지산지소(地産地消: 지역에서 생산된 농산물은 지역에서 소비한다) 운동, 지역공동체 운동, 산촌자본주의도 돈과 시장에 의존하지 않는 슬로우라이프를 추구하는 방식이다.

21세기 소비사회에서 속도와 경쟁이 치열해질수록, '느림'의 가치는 더 중요해지고 있다. 기업도 이런 소비자 욕구를 인지하고 백화점, 쇼핑몰, 서점, 건물 등에 쉬어 가기 코너(느림 지대, slowness zone) 설치하고 있다. 느린 식사, 불편하지만 건강한 식품, 농산물 직거래장터, 장인의 수공예품, 느린 계약 등이 새로운 변화의 한 축으로 부상하고 있다. 소비자도 '적당한 불편'과 '느림 가치'를 구현하는 상품과 서비스에 더 많은 관심을 쏟고 있다. 예로 요즘 전 세계적으로 느림의 미학이 있는 차(茶) 문화가 다시 확산되고 있다. 또한 너무나 빠르게 변하는 디지털 시대에서 느림의 미학이 있는 아날로그 시대의 문화와 소비생활을 그리워하고 추구하는 욕구도 증가하고 있다. 해외 주요 매체에 따르면 미국에서 2019년 연간 LP 매출이 30여 년 만에 CD 매출을 압도하였다. 인간은 "무엇과도 교환될 수 없고, 비교될 수도 없는, 자신만의 가치를 가지고 있는 사람이다"라고 누군가에게 인정받고 싶은 것뿐이다. '느림' 가치를 통하여 자신과 타인과 환경의 가치를 되찾고 싶은 것이다.

> "가속화의 시대에서는, 느리게 가는 것만큼 행복한 일은 없다. 집중을 방해하는 일이 많아진 시대에서, 집중하는 것만큼 사치스러운 건 없다. 계속해서 움직이는 세상에서, 가만히 앉아 있는 것만큼 시급한 일도 없다."
>
> ― 피코 아이어,
> 《여행하지 않을 자유-우리가 잃어버린 고요함을 찾아서》에서

하산

겨울산을
조심스레 내려옵니다
계곡물은 얼고
낙엽들은 추억처럼
묻혔습니다

훗날
어떤 이가
오를 이 산에도
새봄 되면
물 흐르고
꽃 만발하겠지요
바람 불고
비 내려
꽃 지겠지요

뒤돌아보면
아득한 길이었습니다
고요한

150

빈 걸음으로
산에서 내려갑니다

– 이종희 시집《슬픔의 사계》에서

노마드 소비자

이 책 제1장에서는 소비사회의 왜곡과 비극에 대하여 살펴보았다. 소비자는 소비자본주의의 왜곡된 소비에서 만족과 행복을 찾을 수 없다는 것이다. 제2장에서는 소비자본주의의 과소비와 낭비로 인한 시장실패에 대하여 논하였다. 소비자본주의 시장은 파국을 향하여 나아간다는 것이다. 하지만 파국은 또 다른 새로운 시대로 진입을 뜻한다. 제3장의 〈시장의 변화〉 편에서는 새로운 시대의 시장 변화에 대하여 논하였고, 본편에서는 21세기 새로운 시대로 나아가는 소비자의 변화된 모습을 살펴보고자 한다.

개인가치 발견

〈'차이'에 대한 욕망〉 편에서 살펴보았듯, 소비가치는 아래 세 가지 가치로 이루어진다.

$$소비자\ 소비가치\ 가격(Pvt)$$
$$= f(Vu사용가치\ +\ Vs과시가치\ +\ Vi개인가치)$$

역사적으로 볼 때 소비에서 주된 소비가치는 '사용가치 → 과시가치 → 개인가치'로 변화되었다. 이는 소비의 주된 목적이 '생존 → 차이와 인정 욕구 추구 → 자신의 만족'으로 변화되었음을 의미한다. 이는 또한 20세기에는 과시가치가 주도적 소비가치였지만, 21세기에는 개인 가치가 주도적 가치가 되었음을 뜻한다. 기업 마케팅에서도 유사한 가치 진화 이론이 나타난다. 마케팅의 아버지로 불리는 필립 코틀러는 시장은 3단계로 진화한다고 주장한다. 1.0 시장은 공급 중시 산업화 시대(산업자본주의)이고, 2.0 시장은 초과 생산물을 소비시키기 위한 시장 창출 시대(소비자본주의)이고, 3.0 시장은 소비자의 감성과 영혼이 중시되는 가치 주도 시대(가치자본주의)라는 주장이다.

20세기에는 과시가치가 '주도적 가치(성장 동력)'였다는 사실은, 시장의 파국에도 과시가치 영향이 크다는 의미이다. 과시소비와 과소비는 겉은 화려하나, 공허하고 갈증만 더 일으켜 왔다. '너는 가치 있고, 소중한 사람이야'라고 인정받기 위하여, 소비자는 끝없이 경쟁과 탐욕을 추구하였으나, 타인에게 진정한 신뢰와 인정을 받을 수 없었다. 오히려 경쟁과 탐욕은 타인과 관계 악화뿐만 아니라 스트레스, 만성피로, 우울증, 무력감, 소진증후군, 분노조절장애, 강박장애, 대인공포, 권태감, 공황장애, 불면증 등을 초래하였다. 심지어 영국의 스튜어트 랜슬리는 소비중독 또는 소비 과다로 인한 '소비 피곤(spending fatigue)'이라는 용어도 새로이 제시하였다.

과시소비를 위한 경쟁과 탐욕은 인간의 진정한 행복을 향한 욕망을 억압해 왔다. 하지만 억눌린 욕망은 억눌린 만큼 언젠가는 다시 튀어 오르기 마련이다. 이제 소비자는 자신의 삶과 돈을 소비하는 데 있어 진정한 행복을 찾기 시작하였다. 소비 개념도 단순히 시장에서 구매만 아닌 자신의 에너지, 열정, 관심, 공간, 시간 등을 소비한다는 측면에서도 보기 시작하였다. 공원 산책이나 집에서 혼자만의 시간을 쇼핑의 대체재로 보기 시작하였다. 이는 소비자가 소비에서 '개인가치'를 주목한다는 것을 의미한다. 개인가치는 넓게 보면 사용가치와 과시가치를 제외한 모든 소비가치이다. 소비에서 '개인적 만족과 행복'을 추구하는 소비가치이다. 예로 새로운 소비 트렌드로 언급되는 남의 시선을 의식하기보다는, 나의 만족과 행복을 추구하는 '미코노미(ME + ECONOMY)'가 있다.

개인가치를 추구하는 소비자는 남에게 보여 주기 위한 소비보다는, 자기 자신에게 중요하다고 판단되는 대상을 소비한다. 이들은 과시소비로 나의 정체성을 확인받는 것을 거부한다. 그보다는 이들의 소비 대상은 나의 자아와 개성에 뭔가 도움되는 것을 제공해야 하고, 나에게 특별한 의미와 뉘앙스를 가져다주어야 한다. 나의 감성에 맞아야 하고, 나에게 흥미를 가져다주어야 한다. 나의 삶의 의미, 가치, 성취감, 자존감이 증대되고, 나의 영혼에 양식이 되고, 치열한 경쟁에 지친 나를 위로해 주고, 잠시나마 경쟁 스트레스에서 벗어날 수 있는 재미를 제공해 주어야 한다. 이들은 타인과 끝없는 부와 과시소비 경쟁에 매몰되기보다는, 건강하고 행복한 삶을 만들기 위하여 자신과 경쟁하며, 나 자신 삶에 집중한다. 이들은 자신의 일상적 삶을 전체적 소비 문맥에서 해석하고, 자신의 통제하에 재구성한다. 자신의 돈뿐만 아니라 자신의 관심, 감정, 열정, 관계, 욕망, 시간, 공간 등을 전체적 소비 문맥에서, 자신에게 최대한의 행복과 만족을 가져오도록 재구성한다. 또한 합리적 가격과 품질, 현실적 조건, 개인적 욕망을 자신의 행복과 만족을 위하여 가장 효율적으로 조합한다. 동시에 이들은 소비를 통하여 자신의 삶뿐만 아니라, 사회도 더 좋게 개선하고 가치 있게 만들고자 한다.

대학내일20대연구소가 전국 20~39세 남녀 800명을 심층 분석하여 발표한 《2018 밀레니얼 세대 행복가치관 탐구보고서》에 의하면, 이들 삶에서 개인가치를 찾는 경향을 발견할 수 있다. 밀레니얼 세대는 현재 인생에서 가장 추구하는 가치로 '안정(42.4%)'과 '가족(39.5%)'을 꼽았다. 특히, '안정'은 '정서적 안정'을 뜻하며, '경제적 안정'은 최소한의 여건만 충족하면 된다고 답했다. '성공적 미래보다, 현재의 일상과 여유에 더 집중하느냐'는 질문에 절반에 가까운 43.3%가 '그렇다'고 답했다. '그렇지 않다'고 응답한 비율(22.0%)의 2배였다. '사회나 타인에게 인정받을 수 있는 삶의 방식보다, 나에게 맞는 방식을 선택한다'에 대해서도 55.4%가 '그렇다'고 답했다. 이들은 남에게 보여 주기 위한 삶보다는, 자신의 만족과 행복을 위한 삶에 집중하는 경향을 보여 준다.

소비에서 개인가치는 '행복가치'로 일컬어질 수 있다. 개인가치를 추구하는 다양한 방식도, 궁극적으로 모두 자신의 '행복'을 최종 목표로 하기 때문이다. 행복가치는 '더 빨리, 더 많이, 더 크게'를 추구하는 삶의 방식에서 벗어나, 소유나 성공보다 존재와 본질을 더 중요시하는 가치이다. 미래 출세나 과시소비가 아닌, 자족적인 '지금 여기에 있음'을 삶의 기준으로 삼는다. 하지만 개인가치를 추구하는 개인은, 단순히 타인에게서 독립을 추구하거나 이기적 개인과는 거리가 있다. 이들은 공동체 속에서 자신의 고유한 특성과 가치를 적극적으로 실현하고자 한다. 그 실현을 통하여 공동체 가치뿐만 아니라, 자신 삶의 만족과 행복감을 더 높일 수 있다고 믿는다. 이들은 타인과 공존 및 연대로 지속 가능한 환경뿐만 아니라, 자신의 지속 가능한 삶과 행복을 주체적으로 만들어 갈 수 있다고 믿는다. 이와 같은 소비자의 개인(행복)가치 추구는 자본과 대결을 불러오고, 결국 탐욕적 자본의 몰락을 초래한다. 이 부분은 이어지는 〈자본의 몰락〉 편에서 자세히 다루고자 한다.

앞서 살펴본 시장 변화도 소비자가 개인가치를 추구하는 과정에 필연적으로 따라오는 변화이다. 그런데 소비자의 개인가치는 개인적으로 느끼는 가치가 차이가 있는 만큼 다양한 모습으로 나타난다. 아울러 본질적 성격은 유사하고, 시기적으로도 21세기 전후하여 새롭게 등장하였다는 공통점이 있으나, 사회 소득 수준과 국가 제도나 문화에 따라, 조금씩 다른 소비 및 라이프스타일로 표출된다. 아래에서는 소비자가 개인가치를 추구하는 새로운 소비 및 라이프스타일의 대표적 사례를 다루고자 한다.

"역사 표면에 나타나는 가시적 변화에 대한 어떠한 설명도, 그

것이 인간 영혼 깊숙한 곳에서 일어나는 불가사의하고 잠재적
인 변화를 건드리지 않는 한 피상적일 뿐이다."

— 스페인 철학자 오르테가 이 가세트

"우리가 이윤 추구에만 급급한 삶을 단호히 거부할 수 있다면,
그것은 문명을 바꾸는 첫걸음이 될 것이다."

— 영국 경제학자 존 메이너드 케인스

소확행, 가성비, 가심비

최근 한국에서 유행하는 소확행(小確幸)은 '작지만 확실한 행복'을
뜻한다. 일본 작가 무라카미 하루키의 수필집 《랑겔한스섬의 오후》에
나오는 말이다. 갓 구운 빵을 손으로 찢어 먹는 것, 서랍 안에 반듯하게
접어 돌돌 만 속옷이 잔뜩 쌓여 있는 것, 새로 산 정결한 면 냄새가 풍
기는 하얀 셔츠를 머리에서부터 뒤집어쓸 때 기분을 소확행이라고 했
다. 과시소비 경쟁에 매몰되기보다는, 자신만의 시간과 여유를 찾는,
그래서 자신의 소소한 만족감을 충족시킬 수 있는 삶의 작은 방식을 말
한다. 이루기 힘든 커다란 행복이 아닌, 언제나 쉽게 이룰 수 있는 자신
만의 소소한 행복과 만족을 찾는 삶과 소비 행태를 의미한다. 실제적
으로는 나만의 케렌시아(Querencia: 스페어로 투우장의 소가 잠시 쉴
수 있는 공간을 이르는 말로 안식처를 의미)에서, 나만의 작지만 소중
한 경험으로 힐링과 삶의 행복을 찾아가는 방식이다. 그 공간이 반드
시 집일 필요는 없다. 한적한 동네공원, 작은 서점, 좋아하는 음악이 흐
르는 커피숍, 나 홀로 즐기는 노래방일 수도 있다. 사회의 치열한 경쟁

으로 감정 소모가 많은 타인과 관계나 접촉을 줄이고, 나만의 공간에서 힐링과 행복을 찾고자 한다. 한국에서 유행하는 소확행과 유사한 말로는 스웨덴의 '적당한', '균형'을 뜻하는 '라곰', 몸과 마음이 편안하고 기분 좋은 상태임을 말하는 프랑스의 '오캄', 덴마크의 '휘게' 등이 있다.

가성비(價性比)는 '가격 대비 성능의 비율'을 줄여 이르는 말로, 시장 가격에 대비하여 만족하는 성능이나 효율의 정도를 말한다. 또한 가심비(價心比)란 가격이나 성능보다, 나 개인의 심리적 만족감을 중시하는 소비 행태를 말한다. 가령 중고품을 단순히 값이 싸다는 이유가 아닌, 엔틱이나 빈티지 물건으로, 남과 다른 멋과 만족감을 가져다주기 때문에 선호하는 행태이다. (실제 당근마켓, 중고나라 등 온라인 중고품 시장은 큰 폭으로 성장하고 있다) 맛과 신선도에 차이가 없지만, 모양새가 떨어져 버려지는 저렴한 B급 농산물에 대한 선호가 높아지는 사례도, 이런 새로운 소비 트렌드에서 비롯된다. 외부 모양이나 남에게 보여 주기보다, 나 자신의 만족도가 새로운 소비 기준이 된다. 이는 과시소비보다는 나의 만족과 행복을 실속 있게 추구하는 새로운 소비 방식을 잘 보여 준다.

2019년에 한국에서도 번역 출간된 《팬츠드렁크》도 핀란드의 비슷한 생활 방식을 이야기한다. 팬츠드렁크는 편한 옷차림으로 집에서 혼자 술을 마시는 핀란드 문화다. 한국의 '혼술'과도 닮은 이 생활 방식은 핀란드 사람들이 퇴근 후, 집에서 즐기는 그들의 작지만 확실한 행복을 이야기한다. 다른 사람의 기대, 온종일 자신을 괴롭힌 고민과 걱정은 잊어버리고, 오롯이 혼자가 되는 시간에 집중하고 즐기는 삶, 그것이 팬츠드렁크 목적이라 말한다. 그저 편한 옷차림, 적당량의 술, 좋아하는 과자와 가벼운 소일거리만 있으면, 언제 어디서든 행복을 느낄 수 있다고 한다. 팬츠드렁크를 제대로 즐기려면, 마음을 열고 흘러가는 대로 몸과 마음을 맡겨야 한다고 한다. 핀란드 최대 일간지 《헬싱긴 사노마트》의 문화부 기자인 저자 미스카 란타넨은, 핀란드 사람들이 행복한 진짜 이유는 다름 아닌 팬츠드렁크에 있다고 말한다.

이런 새로운 소비 및 라이프스타일은 과시소비에 대한 반작용적 측면이 강하다. 과시소비가 소비자에게 진정한 만족을 줄 수 없으며, 오히려 과시소비와 부를 향한 지나친 경쟁이, 자신 삶을 낭비하고 망가트리고 있다는 깨우침에서 비롯된다. 남에게 보여 주기 위한 상품 구매나 소유보다, 나 자신을 위한 취미, 휴식, 위안, 만족, 행복, 감성을 중시하는 소비 행태로 바뀌었다. 끝없는 과시소비 경쟁을 따라갈 수 없는 소비자의 경제적 여력도 영향을 미친다. 이런 새로운 경향은 상품을 구매하여 소모한다는 단순한 소비 개념을 넘어서, 자신 삶을 올바르게 소비해야 한다는 인식의 확대도 같이 보여 준다.

욜로, 파이 세대

욜로(YOLO)는 '지금 여기'를 즐기며 사는 라이프스타일을 일컫는 신조어다. 'You Only Live Once(한 번뿐인 인생)'의 이니셜을 따 만들었다. 흔히 '오늘을 즐기라'고 인용되는 라틴어 '카르페디엠(Carpe Diem)'과 유사한 표현이다. 한 번뿐인 인생을 충분히 즐기며 살라는 의미가 있다. 아끼고 모아 부자가 되는 시대는 지났으며, 지금 자신이 가진 것으로, 삶을 풍요롭게 만들겠다는 태도 변화가 '욜로 라이프'로 나타났다. 일본의 사토리 세대(달관 세대)도 비슷한 모습을 보여 준다.

욜로족은 미래 삶을 위한 무한경쟁과 책임에서 벗어나, 현재 주어진 여건 속 자신 삶에 만족하고 즐겁게 살아가고자 한다.

파이(PIE) 세대도 자신 삶을 즐기는 라이프스타일을 가진 세대를 뜻한다. 1980~2000년대에 출생한 20~30대로 남과 다른 개성(Personality)을 중시하고, 자신 행복과 자기계발에 투자(Invest in myself)하며, 소유보다 경험(Experience)을 위해 실속 있게 소비하는 특징을 지닌 세대를 말한다. 이들도 미래 삶보다는 현재 삶을 즐기고, 자신 행복을 위한 라이프스타일을 추구한다.

1인 가구 또는 싱글족이 증가하면서 나온, 새로운 소비 트렌드인 '포미족'도 유사한 소비 방식을 보여 준다. 포미족은 자신이 가치를 두고 있는 제품을 적극적으로 소비하는 소비자를 일컫는다. 포미(FOR ME)는 건강(For health), 싱글(One), 여가(Recreation), 편의(More convenient), 고가(Expensive)의 알파벳 앞글자를 따서 만든 신조어를 뜻한다. 이들은 자신이 가치를 두거나 만족하는 제품은, 다소 비싸더라도 과감히 구매하는 소비 행태를 보인다. 남에게 보여 주기보다는 자신의 진정한 만족과 행복을 추구하고, '나심비(나의 심리적 만족감을 위한 소비)'을 지향한다. 고급 호텔 레스토랑에서 남에게 보여 주기 위한 식사를 하기보다는, 집에서 다소 비싸더라도 자기가 좋아하는 와인으로 혼술을 즐긴다. 타인 시선을 의식한 '행복 보여 주기'보다는, 자신만의 오롯한 행복을 찾아서, 한 번뿐인 인생을 제대로 그리고 즐겁게 살고자 한다.

이런 새로운 트렌드는 일과 소비에서 지나친 경쟁을 벗어나, 나의 현재 삶을 즐기는 라이프스타일을 보여 준다. 소비자본주의가 강요하는 '성과주체로서 무한책임과 무한경쟁'을 거부하고, 현재 나의 모습에 만

소비사회

족하고 즐기는 삶이다. 이들은 자본주의적 삶을 전면적으로 거부하지는 않지만, 워라밸(Work & Life Balance: 장시간 노동을 줄이고, 일과 개인적 삶의 균형을 맞추는 것)을 추구하며, 오로지 성공과 미래를 위한 과도한 경쟁과 탐욕을 거부한다. 특히, 밀레니엄과 Z세대는 이전 세대보다 소유와 과시소비 경쟁에서 한층 더 벗어나는 모습을 보여 준다. 이들은 상대적 가난이라는 사회적 모욕 굴레를 거부하고, '적당히 벌어 행복하게 살자'라는 방식으로, 자신의 만족과 행복을 실속 있게 추구한다. 부와 성공을 쟁취하기 위하여 끊임없이 자신 삶을 탕진하기보다는, 다소 가난하지만 자기 삶을 우아하고 품위 있게 살 수 있다고 믿는다. 남의 시선을 의식하기보다는, 주눅 들지 않고 '지금 여기'의 만족과 행복을 중시하는 자기 삶에 집중한다.

우리는 미래의 여유 있는 시간과 삶을 위하여 더 빨리, 더 많이 부를 쌓기 위한 경쟁을 한다. 하지만 그럴수록 부와 경쟁 자체가 인생 목표가 되면서, 우리는 부족한 시간에 시달리고, 삶은 여유와 행복에서 더 멀어진다. 설사 미래에 물질적으로 성공해도, 더 큰 탐욕과 성공을 향해 계속 달리게 되고, 그 달리기는 마지막 숨을 거두기까지 끝이 없다. 그런데 우리는 한 번뿐인 삶을 즐기기 위한 '인생'이라는 여행에서, 여행의 마지막 지점(은퇴 후 여유로운 노년 생활)으로 남보다 먼저 도달하기 위해 경쟁할 필요가 없다. 그곳은 삶의 끝이고, 지나온 길을 되돌아가 여행 과정의 소소한 즐거움과 행복(가족이나 친구와 즐거운 시간, 숲속에서 여유로운 산책 등)을 얻을 수가 없는 곳이기 때문이다. 그곳은 누구에게나 공평하게 공짜로 주어지는 죽음만이 기다리고 있을 뿐이고, 수의(壽衣)에는 주머니가 없다. 가벼운 여행 봇짐을 가진 여행자가 발걸음이 가볍듯, 인생의 여행길에서 부와 소비 경쟁 무게에 짓눌러 허덕이기보다는, 적당한 소유와 만족은 오히려 우리를 더 자유롭고 행복하게 만든다.

> 미국의 부자가 바닷가를 거닐다가, 고기는 잡지 않고 빈둥거리는 멕시코 어부를 발견했다.
>
> "왜 물고기를 잡지 않고 빈둥거리고 있소?"
>
> "오늘 하루치 물고기는 다 잡았기 때문이라오."
>
> "아니 그럼 왜 더 잡지 않소?"
>
> "더 잡아서 무얼 한단 말이오?"
>
> "물고기를 더 잡아서 돈을 더 많이 벌면, 더 좋은 그물과 배를 사고, 그 배로 더 먼 바다까지 나가서 물고기를 잡다 보면, 나처럼 부자가 될 게 아니오?"
>
> "부자가 되어서 뭘 한단 말이오?"
>
> "은퇴 후에 이렇게 여유가 생겨서 한가해질 수가 있지."
>
> 그러자 어부가 웃으며 답했다.
>
> "내가 지금 그렇게 살고 있소."
>
> — 〈어부와 부자의 이야기〉

웰빙, 웰니스

웰빙(Well-being)은 사전적 의미로는 '복지', '안녕', '행복'을 뜻하며, 우리말로는 '참살이'라고 번역된다. 육체와 정신의 건강하고 조화로운 결합을 추구하는 새로운 삶의 방식이자 소비 트렌드다. 웰빙은 물질적 가치나 명예보다는 건강한 심신을 유지하는 삶을 행복 척도로 삼는다. 우리나라에서는 2003년 후반부터 웰빙 붐이 일기 시작하였는데, 이런 삶을 추구하는 사람을 웰빙족이라고 부른다. 이들은 육류 대신 생선과 유기농산물을 선호하고, 외식보다는 가정에서 만든 슬로우푸드를 즐기고, 단전호흡·요가 등 명상 요법과 여행·등산·독서 등 취미 생활로 건강한 심신을 추구한다. 이는 경제적 풍요와 사회적 성공을 위한 지나친 경쟁이, 결국 몸과 마음의 건강을 해치고 행복한 삶에서 더 멀어지게 한다는 자각에서 시작되었다. 이들은 물질적 과시소비보다는, 건강하고 조화로운 삶을 위한 소비에 관심을 둔다. 단순히 육체적 질병이 없는 상태뿐만 아니라 심리적 안정, 공동체 소속감, 가족의 연대, 적절한 성취감, 타인과 신뢰, 자연과 공존 등을 추구한다. 몸과 마음, 일과 휴식, 가정과 사회, 자연과 인간, 자신과 공동체의 조화로운 관계를 유지하여, 심신의 건강과 삶의 행복감을 증진하고 유지한다는 생각이다.

웰빙이 전반적으로 건강하고 좋은 삶을 추구하는 라이프스타일이라면, 웰니스(Wellness)는 건강적 측면이 부각된 새로운 라이프스타일이다. 신체적 건강을 넘어서 '정신적 건강, 환경적 건강, 사회적 건강'을 추구하며, 건강하고 풍요롭고 자기실현을 해 가는 삶을 추구하는 라이프스타일이다. 온전히 건강하고 활발한 삶은 육체적 건강만으로는 부족하고 정신적, 정서적, 환경적, 사회적 건강성을 되찾아야 가능하다는 생각이다. 피트니스센터에서 운동하는 것에 만족하기보다는 자연과 교류, 타인과 좋은 관계 유지, 유익한 사회적 활동을 통한 삶의 만족과 활력 유지를 추구한다.

21세기 소비사회에서 웰빙과 웰니스는 건강하고 조화로운 삶을 추구하는 새로운 라이프스타일을 형성한다. 특히 음식, 건강, 의료, 패션, 화장품, 디자인, 여행, 취미활동, 가구, 건축 등 소비 분야에서 많은 영향을 미친다. 인구 고령화 및 건강에 대한 관심 증가는, 지속적으로 웰빙과 웰니스 소비 관련 산업을 성장시킬 것이다. 웰빙과 웰니스는 기업 상술로 이미지가 오염된 면도 있지만, 인간중심(휴머니즘)의 새로운 소비 트렌드로 소비자 삶에 폭넓게 뿌리내리고 있다. 최근에는 품위 있고, 인간적이고, 여유로운 노년의 삶과 죽음을 맞이하기 위한, 웰에이징(Wellaging)과 웰다잉(Welldying)도 새로운 라이프스타일로 확산하고 있다.

로하스, 슬로우라이프

로하스(LOHAS: Lifestyle of Health and Sustainability)는 몸과 마음의 건강은 물론 환경, 사회정의 및 지속 가능한 소비에 높은 가치를 두는 라이프스타일을 말한다. 이들은 개인 중심 웰빙을 넘어서 이웃의 행복, 나아가 후세에 물려줄 소비 기반까지 생각하며, 친환경적이고 합리적 소비 방식을 추구한다. 로하스란 개념은 1990년대 후반에 미국에서 시작되었다. 대량생산과 대량소비 시대 속에서 사람들은 이전보다 물질적으로 풍족한 생활을 하게 되었다. 하지만 물질적 이익을 최우선으로 하는 사회가 만들어지다 보니, 환경파괴와 사람의 정신적 및 육체적 스트레스가 극심해졌다. 이대로 흘러가다간 인간이나 환경, 나아가 지구 시스템 전체의 유지가 어렵지는 않은지 불안감이 커졌다. 그런 와중에 현시대 사람들의 건강과 후대에 물려줄 건강한 자연환경을 보존하기 위한, 새로운 라이프스타일에 대한 목소리가 커져 LOHAS가 태동하였다.

전체 국민의 30%가 로하스족으로 추정되는 미국에서, 이 시장 규모는 2,500억 달러(300조 원)에 육박한다고 한다. 이들은 그린피스 활동을 후원하고, 슬로우푸드를 즐기고, 자신의 주말농장에 거의 멸종된 희귀종 감자를 심는다. 이들은 친환경적, 생태학적, 에너지 효율적 제품을 선호한다. 즐기는 동시에 윤리적 소비로 더 나은 세상을 만들려고 한다.

유럽에서 시작된 슬로우푸드와 슬로우라이프 운동도 본질적으로 로하스와 같은 맥락을 지닌다. 슬로우푸드 실천지침은 첫째, 소멸 위기에 처한 전통적 음식과 식재료를 지킨다, 둘째, 이런 농산물과 식품을 생산하는 소규모 생산자를 보호한다, 셋째, 어린이와 소비자에게 올바른 식문화에 대하여 교육한다는 것이다. 이 운동은 대량생산과 대량소비 방식을 지양하며, 자연과 인간에게 건강한 식문화와 생태계를 보전하고, 소박한 공동체의 삶을 추구한다.

그 외 생태공동체 운동은 이런 변화된 라이프스타일을 같이 공유하며 협동하여 이루고자 한다. '반농반X' 삶과 지산지소(地産地消: 지역에서 생산된 농산물은 지역에서 소비한다) 운동도 슬로우라이프와 이웃 및 자연과 공존 및 삶의 의미를 찾아가는 시도로 볼 수 있다.

미니멀라이프, 다운시프트, 와비사비

미니멀라이프(Minimal Life)는 2010년경 미니멀리스트닷컴을 운영하는 밀번과 니커디머스에 의해 시작되었다. 그들은 이전까지 좋은 직장을 얻어 고급 자동차와 좋은 집에 살고 있었지만 행복하지 않았다고 밝혔다. 일주일에 70~80시간 일하면서 쇼핑으로 공허감을 채웠으나, 삶은 항상 불만족했었다고 말한다. 그래서 그들은 30세 나이에 직장을 그만두고, 자신들이 세운 미니멀라이프 원칙에 맞는 생활을 시작하였다. 미니멀라이프는 필요한 것 이외에는 가지지 않는 생활방식이다. 적게 가짐으로써 여유를 가지고, 삶의 중요한 부분에 집중하는 일상에 의의를 둔다. 물건을 적게 가질 뿐 아니라, 단순한 삶으로 삶의 더 큰 만족과 의미를 만들어 가는 데 집중하는 자세라고 설명한다.

영국에서는 다운시프트(DownShift) 운동이 퍼져가고 있다. 다운시프트는 '자동차를 저속기어로 변환한다'는 뜻이 있다. 고속으로 주행하던 자동차를 저속기어로 바꾸듯, 생활방식을 여유롭게 바꿔, 여가 시간을 즐기고 삶의 질을 향상하자는 것이다. 이들에게 벤츠 같은 고급 승용차나 첨단 디지털 제품은 중요하지 않다. 여유 있고, 소박하고, 편안한 삶이 인생 목표가 된다. 이들 중에는 고소득의 전문 직종을 과감히 버리고, 교외로 나가 작은 농장이나 가게를 운영하며, 유유자적한 삶을 누리는 사람들이 늘고 있다. 스웨덴에서는 '비행기 여행의 수치감'을 뜻하는 플뤼그스캄(Flygskam)란 말이 확산하고 있다. 탄소 배출량이 월등히 높은 비행기 여행을 수치로 여기고, 대안으로 탄소 배출량이 낮은 기차 여행을 선호한다는 것이다. 유럽환경청에 따르면 승객 1명이 1km를 이동할 때 발생하는 이산화탄소 배출량은 기차가 14g인 반면 항공기는 285g이다. 실제로 스웨덴에서는 기차 이용률이 증가하고 있고, 이 현상은 전 유럽으로 확산하고 있다.

일본에서 시작된 '와비사비'도 전 세계적으로 새로운 라이프스타일

소비사회

로 주목받고 있다. '와비(わび)'는 단순한 것, 덜 완벽한 것, 본질적인 것을 의미하고, '사비(さび)'는 시간 흐름을 받아들인 오래된 것, 낡은 것을 뜻한다. 줄리 포인터 애덤스는 《와비사비 라이프》에서 "와비사비는 꽃잎을 떨구는 작약이나, 저녁 시간에 울리는 성당 종소리처럼, 소소하고 드러나지 않는 아름다움을 알아차리고 음미하는 습관이다. 날카롭게 날을 세우고 회의적으로 생각하거나 두려워하는 태도를 버리고, 기꺼이 그 순간을 즐기려는 의지다"라고 말한다. 세속적 삶에서 벗어나, 단순하고 덜 완벽하지만 본질적 삶을 추구하는 자세를 뜻하며, 낡고 불편하지만 한적한 삶 속에서 정취를 느끼는 미의식을 뜻한다. 와비사비족에게는 낡고 못난 것일수록 매력이 된다. 이들은 불완전함이 주는 미학에 끌린다. 최근 할리우드 스타들이 자신이 추구하는 라이프스타일이라고 언급하면서, 주목받는 라이프스타일 중 하나로 꼽힌다.

보보스, YAWN족

보보스(BOBOS)는 '보헤미안(Bohemian)'과 '부르주아(Bourgeios)'의 합성어로서, 구매력과 교육 수준이 높은 신부르주아층을 말한다. 보헤미안 또는 히피의 자유로운 정신 및 문화적 반역성을 지니지만, 다른 한편으로는 부르주아의 물질적 풍요를 향유하는 새로운 문화 및 소비 계층이다. 이들은 세련된 매너와 고상한 취향을 추구하는 부르주아적 특징은 지닌다. 하지만 이들은 겉치레와 과시소비를 중시하는 전통적 부르주아와는 달리, 패션은 고급이지만 경박하게 드러나서는 안 되고, 화려한 외관의 미(美)보다는 내적인 미와 의미를 중시한다. 동시에 이들은 예술주의와 비합리주의, 자유로운 영혼, 삶의 의미 추구 등 보헤미안적 특징도 지닌다. 보보스족은 이런 상반된 특징을 자신들의 소비 및 라이프스타일에 결합한다.

　보보스족은 토속적인 예술적 취향에 돈을 쓰기를 주저하지 않지만, 유행을 지나치게 좇거나 유명 브랜드 수집에는 열을 올리지 않는다. 이들은 질그릇이나 전통 탈에 관심이 있으면서도, 커피를 마실 땐 그냥 커피를 외치지 않고 '하프 디카프와 모카크림' 식으로 주문하는 세련된 기호와 취향을 가진다. 한국에서도 전통 판소리가 고상한 클래식 음악으로 새롭게 떠오른 현상도 한국의 보보스 영향이라고 볼 수 있다. 이들은 패션에서도 자신만의 개성과 철학을 갖는다. 보보스족이 선호하는 패션은 캐주얼한 스타일이다. 로고가 빼곡히 박힌 명품에는 관심이 적고 빛바랜 청바지나 낡은 책가방, 손수 짠 스웨터 등 남과 같지 않은 대상을 즐기는 경향이 특징이다. 이들은 '우리는 풍요롭지만, 물질주의를 추구하지 않으려 한다'고 말한다. 자기중심적이되 이기적인 건 싫어하고, 유능하되 유능한 척하는 건 싫어하며, 대세에 따르되 남들이 다 하는 건 싫어한다. 한국의 이른바 '강남좌파'도 물질적 측면에서는 기득권층이지만, 교육 수준이 높고 세련된 취향을 선호하면서도, 사회정의를 추구하는 한국의 보보스로 볼 수 있다.

　'욘족'도 상류층의 새로운 라이프스타일을 보여 준다. 욘(YAWN)족이란 '젊고 부유하지만 평범하게 사는 사람', 즉 'Young And Wealthy but Normal'의 머리글자를 딴 말이다. 영국 《선데이 텔레그래프》가 21세기 새로운 엘리트 라이프스타일로 처음 소개하면서 널리 알려졌다. 욘족은 '부자인 척하지 않는 젊은 부자들'이라는 말이다. 자기 힘으로 억만장자가 됐지만, 가족 중심의 조용하면서도 평범한 삶을 추구하는 사람들이다. 이들은 더불어 사는 삶에 큰 관심을 가지고 자선사업에 힘을 쏟는다. 일확천금을 얻은 졸부들이 요트나 제트기 구입에 열을 올릴 때, 이들은 자신의 재산을 가난한 나라의 빈곤 및 질병 퇴치 등 자선사업에 기꺼이 기부한다. 대표적 인물로 빌 게이츠 마이크로소프트 회장을 꼽을 수 있다. 그는 소박한 옷차림을 즐기고, 자선재단을 설립해 전 세계적 자선사업을 펼친다. 야후 공동창업자 제리 양과 이베이 공동창업자 피에르 오디미어, 내슈빌의 억만장자 브래드 켈리도 욘족에 해당한다. 포드 픽업트럭을 몰고 다니며 요트는 한 번도 타 본 적 없다는 켈리는, 아프리카 야생동물을 보호하는 프로젝트에 거금을 지원한다. 투자 귀재 워런 버핏도 나이가 많아 현재는 욘족이 아니지만, 젊어서부터 욘족의 삶을 산 인물로 꼽힌다. 이들은 상류층의 쾌락주의는 지나갔으며, 탈물질주의적 정직함과 가정으로 복귀가 대세라고 말한다.

21세기 새로운 상류층의 사치는 점점 더 은밀해지고 개인주의적 행태로 변해간다. 이들에게 사치란 장식이 최소화된 텅 빈 방이 될 수 있고, 언제나 스스로가 정할 수 있는 하루 일정일 수 있고, 주거지 이전의 자유일 수 있고, 남들이 쉽게 갈 수 없는 오지 체험일 수 있고, 도시의 온갖 번잡과 소음을 벗어나 '본질적 삶'을 즐기는 시간이 될 수 있다. 사치는 이제는 천박한 과시욕과는 상관없어지고 있다. 이들에게 사치는 점점 더 삶의 정체성과 사회적 관계성을 띤다. 사치는 세련되고 섬세한 것이어야 하고, 천박하고 작위적이고 가식적인 것이 되어서는 안된다. 단순히 남에게 보여 주기 위한 과시소비는 시시하고, 천박하고,

자신의 진정한 가치를 깎아내리는 행위이다. 이들에게는 자신, 타인, 자연환경과 조화가 사치의 영역에서도 점점 더 중요한 의미로 부각된다. 삶의 의미와 타인의 진정한 존경과 인정이 사치 영역에서도 중요한 요소가 된다. '우리'는 '나'의 일부분이고, 나의 행복과 소유물은 이웃과 공유되어야 가치 있고 더 커진다는 생각이다. 이들은 노블레스 오블리주 실천으로, 과시소비 공허함을 벗어나, 삶의 의미와 진정한 성취감을 만들어 가고자 한다.

주체성 쟁취

소비에서 개인가치를 추구하는 소비자의 새로운 트렌드는 앞의 사례에 제한되지 않는다. 앞의 사례는 소비자 변화의 빙산의 일각이다. 개인가치 추구는 문화·예술·음악에 몰두하는 방식, 골동품이나 특정한 물품 수집에 몰두하는 방식, 반려동물을 키우거나 동물 권리에 관심을 쏟는 방식, 시골로 돌아가 소박한 삶을 살고자 하는 방식, 여행을 통하여 새로운 자신을 찾아가는 방식, 휴일에 산행·낚시·캠핑 등 취미활동에 몰두하는 방식 등으로, 우리 일상 삶에 폭넓고 깊숙하게 뿌리내리고 있다. 앞서 제시한 새로운 소비 및 라이프스타일은 유행으로 잠시 머물다가 사라질 수 있고, 또 다른 새로운 소비 및 라이프스타일이 끊임없이 부상하겠지만, 개인가치를 추구하는 흐름은 갈수록 점점 더 큰 물결로 쉼 없이 흘러갈 것이다.

개인가치를 추구하는 흐름은 소비자가 새로운 정체성과 주체성을 만들어 가는 과정으로 볼 수 있다. 이 측면을 잘 보여 주는 예는 자신의 신념을 당당히 밝히는 '미닝아웃'이라는 새로운 트렌드이다. 미닝아웃

(Meaning out)은 서울대 소비 트렌드 분석센터가 제시한 2018년 소비 트렌드 중 하나이다. (대학내일20대연구소는 2020년 MZ세대의 새로운 트렌드로, 나의 소신을 거리낌 없이 밝히는 '소피커'를 꼽았다) 미닝아웃은 기존에는 잘 드러내지 않던, 자신만의 취향이나 정치사회적 신념을 적극적으로 드러내는 새로운 트렌드이다. 가령 SNS에서 해시태그(#)로 자신의 신념이나 정치사회적 의견을 올리거나 공유하는 현상이다. 그 범위는 환경보호, 동물복지, 미투 운동, 젠더 이슈, 인권, 정치적 신념 등 개인적 신념과 관련된 모든 주제를 포함한다. 세월호 노란 리본을 가방에 달고 다니거나, 정치사회적 주장이 인쇄된 티셔츠를 입고 다니는 예도 같다. 이전에는 자신의 정치사회적 신념을 타인에게 드러내는 행위는 사회적으로 꺼려졌다. 신념의 표출은 타인과 충돌 및 사회적 낙인으로 사회생활에 장애가 된다는 인식이 보편적이었다. 하지만 소비자는 이제 남의 시선을 의식하기보다는, 자기 삶의 주체로서 자신의 신념을 적극적으로 드러내며 추구한다. 자신의 신념을 적극적으로 표출하고, 타인과 연대하고, 실제 소비로 가치 실현을 하고자 한다.

시민들은 정치 권력이나 사회제도 권력이 세상을 올바르게 변화시킨다는 것을 더 이상 크게 믿지 않는다. 대의제를 바탕으로 하는 현대 민주주의에서는 시민이 몇 년에 한 번 선거일에만 정치 주체가 될 수 있다. 하지만 선출된 정치 권력은 기득권 및 자본과 결탁하거나 눈치를 보기 때문에, 세상을 올바르게 바꾸는 데 한계가 있다. 게다가 많은 문제가 국가 경계를 넘어서 발생하기 때문에, 한 국가 내 정치 권력만으로는 이런 문제들을 해결하기 어렵다. 바다 오염, 기후변화, 미세먼지, 전염병, 마약 유통 등 문제는 한 국가 정치 권력만으로는 해결할 수 없다. 그래서 시민들은 소비자로서 세상을 바꾸는 데 직접 참여하고 싶은 것이다. 환경파괴, 사회정의, 부정부패, 불공정, 인권 등에 대하여 소비자 권력으로 직접 참여하여 세상을 올바르게 바꾸고 싶은 '신념 소비'에 나섰다. 신념에 기초한 소비는 단순히 물건을 구매하는 즐거움에 더하여, 자신의 신념을 사회적으로 성취해간다는 개인적 만족감과 신념을 공유하는 타인과 연대감을 높인다. 이 경향은 울리히 벡이 주장하는 하위정치(sub-politics)의 확산을 돕는 토대가 된다.

영국의 월간지 《윤리적 소비자(Ethical Consumer)》에서는 윤리적 소비(신념 소비)를 다음과 같이 설명한다. "윤리적 소비는 가용소득 안에서 다른 접근법을 취하는 방식을 의미한다. 돈을 지위나 명품 구매, 삶의 질 향상에 쓰는 도구로 여길 뿐 아니라, 구매를 투표처럼 여긴다는 말이다. 연비가 나쁜 사륜구동 승용차를 사는 행위는 기후변화에 대한 투표이다. 커피나 차, 아침 식사용 빵이나 비닐봉지를 사는 사소한 구매도 무언가를 위한 투표이다. 유기농 식품을 사는 행위는 지속 가능한 환경을 위한, 공정무역은 인권을 위한 투표가 된다." 윤리적 소비를 노벨 경제학상을 수상한 폴 사무엘슨은 '화폐 투표'라고 설명한다. '소비(화폐) 투표'는 선거에서 자신이 지지하는 정치인에 투표하는 행위와 본질적으로 동일하다.

21세기에도 과시소비는 없어지지 않을 것이다. 사회 경쟁이 치열해질수록 성공을 위하여 남에게 보여지는 면이 중요하기 때문에, 여전히 많은 사람이 과시소비에 집착할 수 있다. 특히, 사회에 성공적 안착과 타인 시선에 민감한 20~30대에서는, 과시소비*가 일정 부분 늘어날 수 있다. 다른 한편 소득 수준이 현저히 낮은 사회 구성원에게는, 여전히 사용가치가 주된 소비가치로 작동할 수 있다. 하지만 점점 더 많은 소비자가 과시소비에 환멸을 느끼고, 소비에서 개인가치를 찾아가고 있다. 전체적으로 보면 개인가치가 과시가치보다 소비에서 더 중요해져 가는 추세이다.

* 플렉스(Flex) 소비

MZ세대에게 과시소비는 플렉스 소비로 통한다. 하지만 플렉스 소비는 기성세대의 과시소비와 다른 측면도 있다. 플렉스는 구부린다는 의미로, 고가의 상품 구매를 저지른다는 의미로 통한다. 일반적으로 고가의 자동차, 스마트폰, 의류, 핸드백 등을 구매한 후, 소셜 미디어에 포스팅하여 자신을 과시하는 현상을 말한다. 하지만 그들은 모든 일상생활에서 플렉스 소비를 추구하지는 않는다. 평소에는 편의점에서 점심을 저렴하게 해결하면서도, 한두 번은 자신이 좋아하는 고가의 상품을 구매한다. 이는 남에게 자랑하기 위한 기존 과시소비와 다르게, 자신의 만족을 위한 측면이 강하다. 그들은 평소 검소하고 평범한 일상을 보내는 자신에 대한 보상으로 플렉스 소비를 한다.

개인가치 추구는 소비자가 주체성을 만들어 가는 과정이다. 소비자본주의 노예적 삶에서 벗어나고자 하는 저항이다. 소비자본주의가 소비자 욕망을 왜곡하여 강요하는 과소비와 과시소비를 거부하고, 자신 삶의 진정한 만족과 행복을 주체적으로 찾아가는 과정이다. 새로운 소비 트렌드가 소비 촉진을 위한 자본의 도구로 만들어지고 이용된다는 비판도 있다. 끊임없이 새로운 소비 트렌드를 만들어, 소비자가 뒤처지는 게 두려워 따라가게 한다는 주장이다. 하지만 밸런타인데이, 빼빼로데이, 삼겹살데이 등 자본이 조장하는 상업적 이벤트가 아닌, 21세기에는 소비자의 자발적 변화에 기반한 새로운 소비 트렌드가 만들어지고 있다. 이는 소비자의 인간적 욕망 흐름에 기초한 자발적 변화이다. 소비자는 더 이상 군중으로서 소비자가 아니다. 소비자는 개개인으로 분화되면서(개인화되면서) 개개인의 수많은 욕망을 찾아간다. 물질적 풍요가 전부라고 생각하면서, 남에게 보여 주기 위한 소비 경쟁에서 한 치 벗어남도 없이, 모두가 같이 몰려가는 군중이 아니다.

시장에서 소비자의 역할 중 하나는 보다 좋은 상품을 선별하는 것이다. 그런데 이제는 과시가치보다 개인가치가 좋은 상품에 대한 판단 기준이 된다. 가령 개별성, 진정성, 삶의 재미와 의미 등은 과거에는 지위나 성공과 관련된 가치가 아니어서, 경쟁 사회에서 밀려났었다. 그러나 이제 소비자는 온라인 및 오프라인 네트워크를 떠다니며, 그런 가치를 찾아다니는 노마드(유목민) 소비자가 되고 있다. 노마드 소비자는 국경과 공간적·시간적 제약을 넘어서 끊임없이 움직이며, 구매하고, 소비하는 트랜슈머(Transumer: trans + consumer)가 된다. 끊임없이 확장되는 관계망을 네트워크에 만들면서, 새로운 주체성과 개별성을 만들어 간다. 이 과정에서 통제와 왜곡을 시도하는 자본 및 권력과 21세기 사회 주도권을 두고 보이지 않는 대결적 국면을 만들어 가고 있다. 소비자의 보이지 않은 마음과 욕망의 영역에서, 소비자 혁명이 발생하고 있다. 새로운 세계를 향한 변화의 문이 열렸다.

"우리 할아버지들은 산업화 사회에서 성장했고, 우리는 정보

소비사회

화 사회에서 컸으며, 우리 아이들은 꿈과 이야기와 놀이의 세
계에서 자라날 것이다. 우리 아이들이 커서 정보화 사회를 되
돌아보면, 우리가 산 사회를 인간의 진정한 욕망과 가치와는
전혀 무관한, 무척 삭막하고 지루한 사회로 기억할 것이다.”

– 미래학자 와츠 웨커

베스트셀러 책의 새로운 흐름

디지털 시대가 되고 삶이 무한경쟁 사회로 인하여 분주해지면서, 도서 판매도 장
기간 부진의 늪에 빠져 있다. 하지만 개인가치를 탐색하고 추구하는 책들은, 새로
운 출판 트렌드로 꾸준히 독자의 사랑을 받고 있다. 《나는 나로 살기로 했다》(김수
현), 《미움받을 용기》(기시미 이치로), 《하마터면 열심히 살 뻔했다》(하완) 등이 개
인가치를 추구하는 대표적 책들이다. 고전 중에서도 《자기만의 방》(버지니아 울
프), 《월든》(헨리 데이비드 소로우) 등이, 자신의 내면 가치를 추구하는 책들로 여
전히 많은 독자가 애독한다. 이런 책들은 개인들이 자신의 삶에서 개인가치를 찾
고, 자신의 행복을 위하여 개인가치를 실현하는 데 나름 방법을 제시한다. 소비자
는 이제 남의 시선보다 나는 누구이고, 나 자신 삶에서 소중하고 가치 있는 게 무엇
이지, 나 스스로 가치 있고 행복한 삶을 살아가기 위해서 어떻게 해야 하는지에 보
다 많은 관심을 가진다. 이는 결국 나의 개인적 삶의 주체성을 인식하고 만들어 가
는 과정으로 볼 수 있다.

Z세대의 라이프스타일

Z세대는 1995~2010년에 태어난, 어렸을 때부터 디지털 기기와 인터넷을 이용하여 자란 세대로 '디지털 신인류' 또는 '디지털 원주민'이라고 칭할 수 있다. 이들은 기존 세대와는 다른 라이프스타일을 보여 준다. 이들은 먼 미래보다 현재 삶을 즐기는 것을 선호하고, 타인의 시선보다 자신의 가치와 만족을 중요시한다. 아울러 이들은 윤리적 소비를 추구하고, 기성세대보다 더 오랫동안 살아갈 지구환경 보호에 더 관심을 가진다. 이들은 개인가치를 삶의 기준으로 삼는, 21세기 새로운 세대이다.

1. 대한민국 세대 구분

	1950 1960 1970 1980 1990 2000			
세대 구분	베이비붐 세대	X세대	밀레니얼 세대(Y세대)	Z세대
출생 연도	1950~1964년	1965~1979년	1980~1994년	1995년 이후
인구 비중	28.9%	24.5%	21%	15.9%
미디어 이용	아날로그 중심	디지털 이주민	디지털 유목민	디지털 네이티브
성향	전후 세대, 이념적	물질주의, 경쟁사회	세계화, 경험주의	현실주의, 윤리 중시

(출처: 통계청·맥킨지코리아, 그래픽: 콘텐타)

2. Z세대 가치관

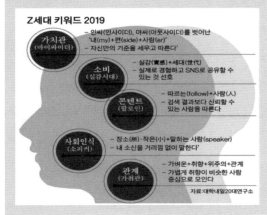

(출처: 대학내일20대연구소, 그래픽: 중앙일보)

소비사회

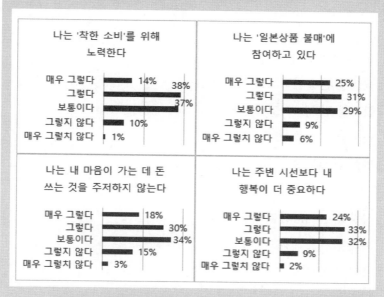

Z세대 소비 및 라이프스타일 조사

나는 '착한 소비'를 위해 노력한다

- 매우 그렇다 14%
- 그렇다 38%
- 보통이다 37%
- 그렇지 않다 10%
- 매우 그렇치 않다 1%

나는 '일본상품 불매'에 참여하고 있다

- 매우 그렇다 25%
- 그렇다 31%
- 보통이다 29%
- 그렇지 않다 9%
- 매우 그렇치 않다 6%

나는 내 마음이 가는 데 돈 쓰는 것을 주저하지 않는다

- 매우 그렇다 18%
- 그렇다 30%
- 보통이다 34%
- 그렇지 않다 15%
- 매우 그렇치 않다 3%

나는 주변 시선보다 내 행복이 더 중요하다

- 매우 그렇다 24%
- 그렇다 33%
- 보통이다 32%
- 그렇지 않다 9%
- 매우 그렇치 않다 2%

(출처: 한국의 14세~24세 남녀 600명 조사. 2019.09. 조사기관: 오픈서베이)

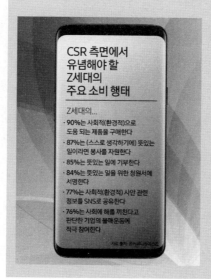

CSR 측면에서 유념해야 할 Z세대의 주요 소비 행태

Z세대의...
- 90%는 사회적(환경적)으로 도움 되는 제품을 구매한다
- 87%는 (스스로 생각하기에) 뜻있는 일이라면 봉사를 자원한다
- 85%는 뜻있는 일에 기부한다
- 84%는 뜻있는 일을 위한 청원서에 서명한다
- 77%는 사회적(환경적) 사안 관련 정보를 SNS로 공유한다
- 76%는 사회에 해를 끼친다고 판단한 기업의 불매운동에 적극 참여한다

자료 출처: 콘커뮤니케이션즈

(출처: 미국 CSR·통합마케팅 전문 기업 콘커뮤니케이션즈가 2017년 미국의 청소년 (13세~19세) 1,000명을 대상으로 실시한 심층 조사 결과, 그래픽: 삼성전자 뉴스룸)

나의 봉기

울 건 목 놓아 울고
슬퍼할 건 슬퍼하고
분노할 건 분노하고
저항할 건 저항하고
말할 건 말하고

사랑할 건 사랑하고
노래할 건 노래하고
보낼 건 보내고
비울 건 비우고

가끔, 돌멩이처럼
침잠(沈潛)할 것

이건, 펄떡이는 인간의
세상을 바꾸는 투창

– 이종희 시집《슬픔의 사계》에서

소비사회

자본의 몰락

본편에서는 자본과 소비자 대결 국면에서 나타나는 소비자 혁명을 다루고자 한다. 앞서 논하였듯, 점점 더 많은 소비자가 자본이 강요하는 과시소비와 과소비에서 만족과 행복을 찾을 수 없다고 자각하고 있다. 이제 소비자는 21세기 수많은 네트워크로 새로운 관계망을 핵분열처럼 만들고 떠돌면서, 소비에서 개인가치를 찾아간다. 그 과정에서 개인화된 소비자는 스스로 주체성과 개별성을 만들면서, 의식하지 못하는 사이 소비자 혁명에 참여한다. 아래에서는 사회변혁에서 개인의 역할을 고찰하고, 자본주의에 도전한 공산주의의 실패를 분석하고, 21세기 소비사회에서 소비자 혁명은 어떻게 진행될지를 살펴보고자 한다.

개인의 역할

인류 역사상 흩어진 개인이 정치혁명을 일으키고 성공한 적은 없다.

프랑스 혁명, 미국 독립전쟁, 소비에트 혁명 등은 모두 자각된 혁명 전위그룹이 만들어지고, 군중이 그 혁명 조직을 지원하고 혁명에 참여하여 이루어졌다. 하지만 근본적 사회구조를 바꾸는 사회·문화 혁명은 개개인의 참여 누적으로 이루어졌다. 구석기시대 불의 발견, 신석기시대 농경의 시작, 중세 서구 르네상스, 근대 산업혁명, 현대 정보혁명 등은 모두 구성원 개개인 활동의 누적으로 발생하였다. 이 혁명들은 조직된 혁명 전위그룹도 없었고, 군중의 힘이 일시적으로 폭발하여 이루어진 것도 아니다. 하지만 이 혁명들은 정치뿐만 아니라 근본적 사회 변화를 초래하였다. (완성될 수 없고 영원한 개량을 향해 계속 진행형으로 나아간다는 측면에서, 모든 혁명은 영구혁명이다)

　장자는 '變化(변화)'를 다음과 같이 설명한다. 化는 양적 변화, 즉 점진적 변화 과정이다. 점진적 변화가 쌓여, 결국에는 變으로 폭발하는데, 이것이 양적 변화에서 질적 변화로 비약하는 것이라고 말한다. (왕꾸어똥 지음,《장자 평전》, 207p) 점진적으로 개개인의 양적 변화가 누적되면, 어느 시점에 사회 구조적 질적 변화가 이루어진다고 해석될 수 있다. 헤겔의 역사 발전 방법론인 변증법으로 볼 때도, '정(正)'은 기존 제도이고, '반(反)'은 기존 제도에 모순을 느낀 수많은 개개인의 저항과 변화이고, '합(合)'은 그로 인해 변화된 새로운 제도로 볼 수 있다. 결국, 기존 사회구조와 제도에, 각 개인의 저항과 변화가 충분히 누적되면, 질적 변화가 이루어져 새로운 사회구조가 만들어진다. 다만, 이 변화는 점진적이고, 비가시적이고, 일정한 단계에 도달해서만 알 수 있는 후행적이다. 현대 정보혁명도 인터넷이라는 기술이 개발된 후, 수많은 개개인이 인터넷을 이용한 활동을 하면서 이루어졌고, 이는 정치뿐만 아니라 사회·문화의 근본적 변화를 초래했다. 이처럼 사회 구조적 변화는 변화된 개인의 활동 누적으로 이루어지고, 변화의 씨앗 및 동력은 개개인의 저항과 변화에서 비롯된다. 사회 각 구성원이 변화되면, 사회도 따라서 변화되는 건 당연한 논리적 귀결이기도 하다.

이 측면에서 장 보드리야르는 《소비의 사회》에서 현대 소비사회를 깊고 날카롭게 통찰하였지만, 그의 결론에는 동의하기 어렵다. 그는 소비자가 사회구조를 바꿀 가능성은 없다고 말한다. 소비자란 본질적으로 고립된 개인이고, 집단적 소비가 집단적 연대를 불러일으키지 못하여, 비혁명적이고 몰역사적 존재라고 주장한다. 그 이후 이런 시각이 일반적으로 통용되었다. 하지만 격정적이고 일시에 쓸어버리는 '오래된 혁명'이 과거에 얼마나 성공하였고, 더구나 미래사회에서 얼마나 성공할지는 의문스럽다. 혁명을 통하여 잡은 새로운 정치 권력으로 세상을 바꿀 수 있을지도, 인류가 걸어온 길을 통하여 냉철히 되돌아보아야 한다. 반면 역사적으로 성찰해 볼 때, 개개인은 근본적 사회 변화의 유일한 동력이다. 개개인의 변화가 누적되어야만 근본적 사회 변혁이 가능하다. 지그문트 바우만의 비유처럼 거대한 떡갈나무도 작은 도토리에서 시작된다. 작은 씨앗은 흙에 균열을 내고, 밖에서는 잘 보이지 않지만, 아주 미세한 움직임으로 견고한 자신만의 세계를 구축한다. 그 씨앗 하나하나가 스스로 자신만의 무한혁명을 치른다. 그렇게 자란 나무 하나하나가 거대한 숲 생태계를 변화시키고 만들어 간다. 이제 소비자 개개인도 하나의 씨앗처럼 소비자본주의에 조금씩 균열을 낸다. 이들은 소비사회의 강요된 소비에서 벗어나, 소비에서 주체성과 새로운 소비 방식을 만들어 가면서, 시장과 사회를 변화시키고 있다. 더욱이 소비자는 비록 서로 잘 알지는 못하지만 같은 소비습관, 동일한 관심, 공동 이익의 공유 등으로, 소비자 집단의 구성원으로 스스로 자각하면서 연대한다. 이 현상은 채식주의자, 스포츠 팬, 동물권리 옹호자, 생활협동조합 조합원, BTS 팬(ARMY) 등 많은 사례에서도 충분히 감지된다. 게다가 소비자가 사회변혁의 주체가 될 수 있는 여건도 성숙해졌다. 자본주의의 발전적 모순에 따라, 소비자는 자본에 대항하여 강력하게 저항할 힘을 갖추게 되었다. 생산성 발전으로 과다생산된 상품을 소비할 소비자가 절실히 필요해졌기 때문이다. 이제는 상품을 더 많이 소비할 소비자가 없이는 자본주의는 유지될 수 없다.

소비자본주의에서 자본은 노동자 파업이나 일시적이고 통제가 가능한 시위를 크게 두려워하지 않는다. 이미 자본은 이동성을 지니고 있고, 세계 곳곳에 생산 기지를 가지고 있어 (또는 물리적 생산 기지가 의미가 없어), 특정 지역의 파업이나 점거로는 치명적 피해를 받지 않는다. 그런데 자본이 가장 두려워하는 건 소비자의 무관심과 구매 거부이다. 소비자 불매는 소셜 미디어로 전 세계적으로 급속히 퍼질 수 있고, 이는 해당 기업의 매출과 이익 감소, 경쟁력 저하, 주가 하락, 대출금 회수 등을 초래하여 어떠한 글로벌 기업도 생존이 어렵기 때문이다. 이제는 자본과 소비자 역학 관계가 상당 부분 역전되었다. 무소불위 힘을 가진 세계적 대기업도 소비자가 없이는 생존할 수 없다. 토머스 L. 프리드먼은 《세계는 평평하다》에서 변화의 주체이자 동력은 세계화 1.0 시대에는 국가였고, 2.0 시대에는 기업이었다면, 3.0 시대에는 개인이라고 주장한다.

개인의 연대

20세기는 기존 사회연대의 해체가 가속화된 시기였다. 가족, 지역 공동체, 국가로부터 보호와 연대의 끈이 지속적으로 약화되면서 개인 '각자도생 시대'가 된 시기였다. 이런 과정에서 개인주의, 고립화, 이기주의, 소외, 고독사, 우울증, 무력감, 외로움 등 현상이 심화되었고, 더 견딜 수 없게 된 개인은 새로운 연대와 심리적 보호막을 찾게 되었다. (밀란 쿤데라 말처럼 "지금까지 인간은 어디에도 도망칠 곳이 없기에 연대해 왔다") 이에 따라 우리는 21세기에 새로운 연대 현상을 목도한다. '개인화된 개인들의 연대'라는 새로운 연대이다. 한편으로는 개개인이 핵분열처럼 분화되지만, 다른 한편으로는 분화된 개인들이 자신이 추구하는 가치를 중심으로 뭉치고 연대한다. 이 변화를 설명하기 위하여 스웨덴 정치학자 미셸레티는 개인 중심성을 고수하면서도 연대를 중시하는 '개인화된 집단행동(individualized collective action)' 개념을 제시한다. 21세기 개인은 정보와 지식에 접근이 통제되거나 갇힌 존재가 아니다. 주체성과 개별성을 갖춘 자각된 개인들은, 인터넷 네트워크로 국경과 공간적·시간적 제약을 넘어서, 전 세계를 떠돌면서 자신의 가치를 실현하는 곳에서 뭉치고 연대한다. 개인들의 가치와 공감 연대는 기존 지역, 공동체, 국가를 기반한 연대와는 다른 성격을 띤다.

가치와 공감의 개인 연대 대표적 사례가 ARMY라고 불리는 BTS 열성 팬의 연대이다. BTS 열성 팬은 전 세계적으로 수천만 명으로 추정된다. 비록 국적, 문화, 인종, 종교 등이 다르지만, 그들은 개개인이 유튜브, 트위터, 페이스북, 인스타그램 등을 떠돌면서 필요할 경우 뭉쳐 강력하게 연대 활동을 한다. 실제 전 세계적 BTS 현상을 만든 동력은 ARMY 개개인의 연대 활동이었다. 대중문화는 이런 수많은 팬덤(연예인, 정치인 등 특정한 인물이나 특정 분야를 열성적으로 좋아해, 그 속에 깊이 빠진 사람 혹은 집단) 현상을 만들어 낸다. 한편 전 세계 아나키스트 시위 그룹인 블랙 블록(Black Bloc)은 아나키즘 가치를 공유하는 개개인이 인터넷으로 소통하고, 거리에서 회의하며, 스스로 행동 방향을 결정한다. 정보의 자유로운 공유를 지지하며 검열을 반대하는 국제 해커 그룹 어나니머스(Anonymous)도 인터넷을 기반으로 한 해커 개개인의 연대체이다. 2017년 박근혜 대통령을 탄핵시킨 촛불시위도 특정한 조직이 주도한 게 아닌, 소셜 미디어로 소통하는 시민 개개인의 연대 활동이었다. 2011년 '아랍의 봄' 대규모 시위, 미국의 '월가 점령 시위'도 동일하다. 그 외에도 환경, 인권, 사회 소수자 운동 등에서 개개인은 그들이 추구하는 가치와 신념에 따라 전 세계적으로 연대한다.

21세기 개인의 연대체는 기존 조직과 많은 차이를 보여 준다. 기존 조직이 수직적 조직 체계를 가지지만, 개인의 연대체는 수평적 체계를 가진다. 상명하복의 명령이 아닌, 개개인의 자율성과 자발성을 기반으로 움직인다. 일방적이고 통일적 운영체계가 아닌, 다양하고 수평적이고 쌍방향적 커뮤니케이션으로 운영된다. 개개인의 연대는 네트워크를 횡단하며 진행되기 때문에 고정된 진지나 중심이 없다. 이들은 옛 몽골 기마병처럼 어느 순간에 뭉쳐 나타나며, 어느 순간에 연기처럼 사라진다. 이들은 자신의 이익보다는 자신과 사회 가치를 실현하기 위하여 연대하기 때문에 열정적으로 활동하고, 기존 조직의 구성원보다 더 큰 에너지를 만들어 낸다. 이 연대 에너지는 중세 이슬람의 위대한 역사가인 이븐 할둔이 주장하는 유목민의 '아사비야(연대 의식)'처럼 역사를 움직이는 원동력이 될 수 있다. 이들은 개개인 네트워크의 수많은 관계망으로 전파 활동을 하므로 연대`는 급속도로 확대된다. 하지만 이들은 연대하면서, 그들의 개별성과 자유를 제한당하지는 않는다. 예로 2002년 노무현 대통령이 당선되는 데 결정적 역할을 한 '노사모'는 자발적 개인의 온라인 연대체였다. '노무현'이라는 정치인의 이상과 가치를 공유하는 10만 명의 노사모 회원들은, 온라인 네트워크를 중심으로 오프라인 활동까지 아무런 대가 없이 열정적으로 활동하였다. 그들은 지역별로 자율적으로 움직였고, 각 개인의 자율성이 구속되지도 않았다. 많은 회원은 노무현 대통령이 당선된 이후, 자신의 일상생활로 복귀하여 노사모는 사실상 활동이 중단되었다.

* 21세기 학생운동

요즘 대학교에는 후보자가 없어 총학생회가 운영되지 않는 곳이 적지 않을 정도로 학생운동은 시들해졌다. 그런데 2016년 7월 이화여대가 직장인을 대상으로 하는 미래라이프 대학 신설을 추진하자, 재학생과 졸업생은 대규모 반대 운동을 전개하였다. 그들은 집회 지도부가 없이도 개개인이 자발적으로 온라인으로 소통하며 반대 운동을 진행하였다. 8월에는 2만 명이 시위할 정도로 반대 운동이 거세져, 결국 학교는 신설 계획을 철회하였고 총장은 사퇴하였다. 이 시위는 대학교 명성 기득권을 지키기 위한 것이라는 비판도 있었지만, 반대 운동 과정에서 최순실의 딸 부정 입학과 학점 특혜 사실이 드러났고, 이후 최순실의 국정농단이 밝혀지는 계기가 되었다. 이는 박근혜 대통령 탄핵으로 이어지면서, 대한민국 사회에 엄청난 변화를 몰고 왔다.

자유로운 개인의 가치 연대에서 자치와 분권은 고립을 위한 조건이 아니라 자발적 연대를 위한 조건이 된다. 이들은 평등하고 자발적 관계에서 '함께 있음'과 '다 같이 함께'라는 경험을 공유한다. 따라서 21세기 아고라, 즉 공적 공간은 열린 네트워크에서 자유로운 개인과 그룹이 펼치는, 자치와 분권을 기반한 연대 모습으로 나타난다. 네그리와 하트는 21세기 '제국(세계시장)'하에서 국민국가가 실질적으로 의미를 잃고, 제국에 대해 '다중(Multitude)'이 대항한다고 예견한다. 그들은 결국 국가가 사라지고, 다중이 스스로를 지배하는 최후 순간이 온다고 주장하면서, 이 사회구조를 '절대적 민주주의(Asolute Democracy)'라고 명명한다. 다중(多衆)은 각자의 정체성을 가지며, 개별적으로 행동하고, 특정한 사안에 동의할 때 개별성을 유지하면서 연대하여 행동하는 개인과 그룹이다. 단순히 많은 수의 일반인을 지칭하는 '대중(大衆)'과 다르고, 동일한 목적의식을 공유하는 사람들인 '민중(民衆)'과도 구분되는 개념이다.

개인의 연대에서는 국가와 문화의 경계가 장벽이 되지 않는다. 개인은 디지털 유목민으로서 같은 가치를 추구한다면, 전 세계적으로 연대와 호응을 한다. 게다가 사회경제적 세계화 및 지구화 흐름은, 국가를 초월한 개인 연대를 촉진하는 조건으로 작동된다. 개인화 확산과 네트워크 관계망의 폭발적 증가로, 카오스적 무질서가 확산하는 모습처럼 보이지만, 그 속에서 개인과 집단의 자율과 연대 현상이 나타난다. 이 경향은 통제적 정부와 제도를 거부하고, 개인과 공동체의 자율과 분권으로 연대를 지향하는 아나키즘과 맥락이 닿아 있다. 따라서 21세기에는 아나키즘 이상이, 자율적 개인과 집단의 연대를 통하여 새로운 모습으로 부상할 수 있다. (정치적 우파에서도 다른 의미로 개인과 기업의 자유 최대화와 국가 기능 최소화를 주장한다) 국가와 자본은 자각된 개인의 연대를 통제하기가 갈수록 더 어렵게 된다. 중심 조직이 없고, 예측 불가능하기 때문에 대응할 지점을 찾지 못하고, 확대되는 경계를 찾거나 막을 수 없기 때문이다. 더구나 개인의 연대는 특정 국가나 자본의 영향력 범위를 넘어서 진행될 수 있기 때문이다. 21세기 소비자운동도 개인의 연대 행태로 나타난다. 물론 앞서 밝혔듯, 일시적 개인들 연대 시위나 점거가 자본에 치명적인 건 아니다. 하지만 개인들의 연대 활동은 다양한 방향으로 자본과 국가를 압박할 수 있고, 자본에 타격을 줄 수 있는 글로벌 소비자운동(불매와 항의)으로도 이어질 수 있다. 이에 더하여 소비자 가치를 우선하는 경쟁업체에 대한 구매 중진이나 성원 활동으로 이어질 수도 있다. 자본이 더욱 두려워하는 점은, 불매운동이 퍼져 갈 때 뚜렷한 대응 수단이 없고, 한 번 받은 명성의 타격은 완전한 회복이 어렵다는 것이다.* 이제는 21세기 시장에서 기업이 살아남기 위해서는, 소비자의 새로운 가치를 따라갈 수밖에 없다.

2013년 남양유업은 대리점에 대한 갑질 및 출산을 앞둔 여직원들에 대한 퇴사 강요로, 분유의 주된 구매층인 엄마들의 거센 불매 대상 기업이 되었다. 불매운동으로 남양유업은 그해 매출 감소, 주가 하락, 영업이익 적자를 감수해야 했다. 당시 경쟁사인 매일유업과 남양유업의 2021년 실적은 아래와 같이 역전되었다.

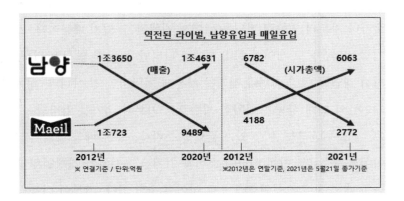

공산주의의 실패

공산주의는 자본주의에 대항한 거대 담론이고 혁명이었다. 아나키즘과 사회주의도 공산주의 아류로 간주될 정도였다. 하지만 결국 공산주의는 자본주의에 무릎을 꿇었다. 소련의 해체와 동구권 몰락으로 공산주의는 종언을 고하였다. 일부 공산주의 국가가 아직 남아 있지만, 대부분 경제 시스템은 자본주의 시장경제 시스템을 받아들이면서, 공산주의 이념은 사실상 사라졌다. 자본주의 폐해를 극복하고 이상적 사회를 건설하고자 했던 공산주의가 왜 실패하였는지 알아보는 건, 소비자 혁명의 미래를 분석하는 데 참고가 될 수 있다.

공산주의 혁명 토대는 생산 측면이다. 생산수단 확보, 즉 생산 권력

쟁취 투쟁이었다. 생산 권력을 독점적으로 확보한 소수의 자본가는 다수의 노동자를 착취하여, 노동자에게는 생존이 가능할 만큼만 이익을 나눈다는 진단이다. 따라서 생산 권력을 노동자 계급이 확보하면, 착취 없는 평등한 사회가 이루어진다는 이념이다. 착취 없는 세상에서 노동자의 자발적 노동으로 자본주의보다 생산성을 높여, '능력만큼 일하고, 필요한 만큼 소비할 수 있는' 이상적 사회를 만들 수 있다는 생각이 공산주의 이념이다. 하지만 그들은 실패하였다. 혁명 초기에 노동자가 보여 준 열정적 혁명 의지는 오래가지 않았다. 혁명 열기가 식어가면서 생산체계는 자발성이 없어지고 관료제, 비효율성, 부정부패와 이기심이 지배하였다. 더구나 인간의 이타심을 '강요'하는 국가계획경제는, 이기심에 기초한 자유시장 경제만큼 효율적이고 지속적으로 운영될 수 없었다.

한편 아나키스트 바쿠닌이 《신과 국가》에서 예측하였듯, 공산주의 국가에서 혁명을 위한 집중된 권력으로서 국가는 노동자를 위한 정권이 아닌, 정권 자체의 생존을 위한 부패한 독재정권이 되었다. 혁명을 내걸었다 해도 중앙집권적 권력은 언제나 부패하기 마련이다. 자본의 목적이 자본이 되듯, 권력의 목적은 그 권력 자체가 된다. 게다가 자본주의와 동일하게 공산주의 국가에서도 생산 권력이 아닌, 소비 권력에 의한 새로운 계급제가 나타났다. 비록 자본주의 사회만큼 대중에게 드러내지는 않지만, 공산주의 사회에서도 지배층은 과시소비로 스스로 특권계급이 되었다. 더 나아가 공산주의는 개인의 주체성과 개별성을 이론적으로 그리고 현실적으로 부정하면서, 사회 근본적 변화의 동력을 잃어버렸다. 결국, '능력만큼 일하지도 않고, 필요한 만큼 소비할 수도 없는' 사회가 되면서 공산주의는 파산하였다. 반면 자본주의는 인간의 이기심을 바탕으로 탐욕과 경쟁을 부채질하여, 생산성과 효율성을 극대화하였다. 자본주의가 고도로 발달하면 자본 이윤율 감소로, 자본주의는 스스로 붕괴된다는 마르크스 예측도 빗나갔다. 고도 자본주의는 과시소비와 소비 영역의 끊임없는 확대로, 생산과 소비는 지속적으로 증가하였고, 이윤율은 감소하지 않고 오히려 확대되었다.

사회변혁 주체로서 노동자 계급도 힘을 상실하였다. 서비스 산업 부문이 커지면서 자영업자, 전문직, 공공부문 등 비노동자 계급 및 실업자와 학생 등 구성이 커져, 노동자는 사회 다수 구성원 계급으로서 대표성이 약해졌다. 또한 산업 효율화, 자동화 및 AI·로봇 활용 등으로 노동력 수요는 줄어드는 추세이고, 노동시장 유연화 명목으로 기업과 자본의 힘은 더 강해졌다. 제레미 리프킨이 주장하는 '노동의 종말' 사회가 되었다. 노동조합에는 공산주의라는 자본에 대항한 만국 공통의 투쟁 언어가 사라져, '노동해방'이라는 구호는 사실상 공허해졌다. 이제 노동조합은 사회변혁보다는 조합원 일자리 안정과 임금상승 및 복지를 추구하는 이익단체가 되었다. 노동자 계급은 혁명의 주체성과 힘을 모두 상실하였다.

또 다른 시도 - 소비자 혁명

21세기에서는 자동화, 인공지능(AI), 로봇 등의 등장으로 생산하는 인간의 역할은 줄어들고, 소비하는 인간의 역할은 확대된다. 노동자는 자본에 대항하여 사회변혁을 이룰 명분과 힘을 잃어버렸지만, 소비자로서는 더욱 큰 영향력을 가지게 되었다. 노동자가 자본에 저항할 때

자본은 해고, 직장폐쇄, 해외이전 등 대응할 수 있는 수단이 있지만, 소비자가 저항할 때는 자본은 사과 및 재발 방지 약속 이외에는 아무런 대응 수단이 없다. 소비자는 노동자뿐만 아니라, 사회 구성원 전부로 구성된다. 소비자가 아닌 사람은 없다. 소비자는 이제 수동적 군중이 아니다. 자본의 이익을 위한 과시소비에 무리 지어 맹목적으로 끌려 가는 존재가 아니다. 소비자는 개별적 주체성을 회복하면서, 소비에서 개인가치와 삶의 의미를 찾아간다. 이 흐름은 근본적 사회변혁을 끌어 내는 소비자 혁명으로 이어진다.

일본의 가라타니 고진은 소비자운동을 통한 사회변혁을 주장하는 비평가이다. 그는 《세계공화국》에서 사회변혁 주체로서 노동자의 한 계를 인정하지만, 노동자가 소비자로서는 자본에 대항하여 사회변혁 을 이룰 수 있다고 주장한다. 노동자의 파업은 더 이상 기업에 두려움 을 주지 않지만, 소비자로서 불매운동은 효과적으로 기업에 타격을 줄 수 있다고 한다. 자본의 잉여가치 실현은 최후에 그 생산물이 팔리느 냐에 달려 있다. 그는 아래와 같은 사례를 제시한다. "뉴욕 노동력 착 취 회사인 스웨트숍(Sweatshop)에 대항한 투쟁에서, 노동자는 노동조 합을 결성하거나 파업을 하면 바로 해고된다. 그래서 시민들이 가게 바깥에서 보이콧(불매운동)을 호소한다. 이것을 기업은 결코 이길 수 없다. 손님이 오지 않기 때문이다. 여기서 끝이 아니다. 도움을 받은 노동자는 다른 곳으로 가서, 다른 노동자를 지원하기 위해, 소비자가 되어 보이콧 운동을 전개한다. 이것이 이들의 연대이고 노동자 = 소비 자 운동이다." 그는 생산 현장은 노동자가 자신의 노동력을 팔고, 노동 조건을 개선하는 장소일 뿐이라고 말한다. 하지만 진정한 프롤레타리아적 주체성은 소비자 위치로 옮겨가는 순간과 일치한다고 말한다. 노동자는 개개의 생산 과정에서는 자본에 예속되어도, 소비자로서는 그렇지 않다고 한다. 상품 유통 과정에서는 역으로 자본은 소비자로서 노동자에 '예속 관계'에 놓인다고 말한다. 실제 그는 '신연대운동(NAM: New Associationist Movement)'이라는 지역 화폐를 기반으로 하는 소비자주권운동을 이끌기도 하였다.

《위험사회》의 저자이자 세계적 사회학자인 울리히 벡도 소비자가 세상을 변화시킬 가능성을 제시한다. 그는 현대사회는 '부작용' 형태로 다양한 위험을 생산한다고 지적한다. 환경파괴, 테러, 전염병, 핵무기, 간접민주주의 한계 등 거대 문명위험(전 지구적 위험)과 갈수록 줄어드는 안정적 일자리, 가족과 공동체의 연대 약화, 경쟁 증가 등으로 개인이 느끼는 미시적 생애 위험은 증가한다는 주장이다. 이런 묵시록적 카오스 상황에서는 사회 구성원의 '개인화'가 급속히 진행된다고 한다. (울리히 벡은 개인화를 제2의 근대성이라고 주장한다) 위험을 '일상의 삶'에서 체감하는 개인들은, 사회 각 부분의 하위정치로 위험을 극복하고자 한다. 그리고 위험을 같이 공유하는 개인들은 세계시민 입장에서 연대한다. 각 개인은 노동자 지위가 아닌 소비자 지위로, 거대 문명위험과 생애 위험을 매개로 세계시민으로서 즉각적으로 결속할 수 있다고 한다. 아울러 그는 공통 사회위험을 극복하고자 하위정치를 실행하는 각 개인(사실상 사회의 모든 사람)은 일종의 공적 역할을 수행하는 만큼, 국가와 사회로부터 최소 소득을 보장받을 권리를 가진다고 주장한다.

과거에는 기업 내부정보 접근 제한, 고분고분한 소비자, 활발한 소비자단체(NGO) 부재 등으로, 기업 내부적으로든 외부적으로든 비윤리적 일들이 발각되지 않고 묻힐 수 있었다. 하지만 이제는 다르다. 노동조합, 내부고발자, 시민단체, 언론뿐만 아니라 소비자의 감시를 벗어날 수가 없다. 폭로된 정당하지 않은 기업 행태는 소셜 미디어, 유튜브, 블로그, 커뮤니티, 인터넷 언론 등을 통하여 급속히 퍼져 나간다. 이에 대한 소비자 불매운동도 네트워크를 통하여 가속적으로 확대된다. 게다가 소비자 트렌드에 민감한 영화, 대중음악, 소설, 웹툰 등 문화산업은 이 흐름을 흡수하여 더 큰 추진력을 만들기도 한다. 예로 한 장애인학교의 인권유린을 고발한 공지영의 소설 《도가니》는 영화화까지 되면서 대중적 분노를 촉발하였고, 해당 장애인학교 운영자의 사법적 처벌까지 끌어냈다. 소비자는 불매운동에 멈추지 않는다. 물리적 시위뿐만 아니라, 법적 소송으로 기업을 징계한다. 고객정보 유출 기업, 건강과 환경에 악영향을 끼친 기업, 사기적 영업활동을 한 기업 등을 상대로 집단소송을 제기하여 막대한 '징벌적 배상'을 하게 한다. 더 나아가 소비자는 정치 권력을 압박하고 여론을 움직여 공적 기관투자자와 정부규제를 통하여, 자본의 부당한 경영과 탐욕을 견제한다. (Steward-ship Code: 공적 기관투자자가 주주권 행사로, 기업 문제 해결을 요구하고 올바른 의사결정을 하게 한다는 지침)

U항공은 나의 기타를 부러뜨렸지(United Breaks Guitars)

2008년 무명가수였던 데이브 캐럴은 캐나다에서 미국으로 가는 U항공사(유나이티드 항공) 비행기에 올랐다. 그런데 수화물로 맡긴 자신의 기타가 화물칸으로 마구 던져져 실리는 모습을 보았다. 도착해서는 기타 목이 부러진 것을 발견했다. 항공사 직원에게 항의했지만, 9개월 후에야 항공사에서 이메일이 온다. '보상을 해 줄 수 없다'는 내용이었다. 분노한 그는 〈U항공은 나의 기타를 부러뜨렸지〉라는 노래를 만들어 유튜브에 올린다. 그 노래는 며칠 만에 큰 인기를 얻었고, 각종 뉴스 프로그램에서 그를 인터뷰했다. 급해진 건 U항공사이었다. 동영상이 인터넷에 올라간 후, U항공사 주가가 나흘 동안 10%나 내려서 2,000억 원 손실을 보았다. 결국, U항공사는 그에게 사과와 보상을 하고, 악기 등 파손 우려가 있는 물품은 기내에 반입할 수 있도록 규정을 고쳤다.

소비자운동은 때론 글로벌 소비자운동으로 확대된다. 기업들이 글로벌 기업으로 성장한 만큼, 소비자운동도 글로벌 운동으로 번져야 효과가 있기 때문이다. 소비자는 국가를 넘어 전 세계적으로 같은 이익과 입장을 쉽게 공유한다. 게다가 글로벌 NGO와 온라인 네트워크로 전 세계 소비자는 뭉치고 연대할 수 있다. 환경파괴, 고객정보 유출, 아동·여성 착취, 불공정무역, 독점적 과도한 이익, 불공정한 기업 행위 등에 대하여 전 세계 소비자는 같이 분노하고 행동한다. 소비자는 어느 계급이나 계층보다도 곧바로 '세계시민 입장'에 설 수 있다. 실례로 IT 플랫폼 기업의 고객정보 유출이나 나이키의 파키스탄 아동 노동 착취는, 전 세계적으로 소비자의 분노와 불매운동 및 법적 배상을 초래했다. 탐욕스러운 금융자본에 저항하기 위하여 2011년 9월에 미국에서 시작된 월스트리트 점거 운동도 곧바로 전 세계적으로 확산하였다.

더 나아가 소비자는 국가를 넘어, 공정무역이라는 글로벌 윤리적 소비 연대 활동을 조직화하고 실천하기도 한다. 공정무역은 커피를 넘어 차, 초콜릿, 견과류, 금, 여행 등으로 확산하고 있다.

21세기 소비자는 단순히 시장상품을 소비하는 수동적 위치에만 머물지 않는다. '소비자 자율운동'으로 자본의 영향력에서 자립과 고차원적 소비자 가치를 추구한다. 실례로 수많은 소비자 중심 협동조합이 전 세계적으로 만들어졌고, 앞으로 더 많이 만들어질 것으로 예측된다. 한국에서도 기존 협동조합(농협, 새마을금고, 생활협동조합 등) 외에도 의료·주거·에너지 협동조합 등 다양한 소비자협동조합이 만들어지고 있다. 협동조합은 조합원 1인 1표의 민주적 방식으로 운영되며, 모든 자산은 조합원 공동으로 소유한다. 경영진은 조합원에 의해 선출되며, 기업의 탐욕적 이익이 아닌 조합원 복지, 공정한 거래, 투명한 회계, 사회 가치 증진 등 원칙으로 운영된다. 그 외에도 식량과 에너지 자급자족 공동체, 도시농업·텃밭, 크라우드 펀딩 등도 소비자 자율운동으로 볼 수 있다.

한편 앨빈 토플러는 《제3의 물결》에서 21세기에는 생산자와 소비자의 경계가 허물어지는, 프로슈머(Prosumer: 생산자(Producer)와 소비자(Consumer)의 합성어) 시대가 된다고 예측하였다. 프로슈머 추세는 디지털과 3D프린팅 등 기술 발전으로 더욱 가속화되고 있다. 최근에는 DIY(Do-It-Yourself의 약칭으로, '스스로 만든다'는 의미) 상품이 확산하고 있다. 소비자는 이제 소비의 즐거움을 넘어 생산의 즐거움도 누리고자 한다. 사실 자본주의 사회 이전까지는 기본적으로 생산은 자신과 가족의 소비를 위해서였고, 생산과 소비 활동이 일체화된 사회였다. 하지만 자본주의적 생산은 시장을 통한 화폐적 이익만 추구하다 보니, 생산과 소비 활동은 분리되었고, 인간은 자신의 소비를 위한 생산 활동의 즐거움을 누리기 어렵게 되었다. 그런데 이제 소비자는 DIY 상품으로 생산 활동의 즐거움뿐만 아니라, 구매 비용 절감 및 자신만의 의미 있는 상품을 소비할 수 있다. DIY 상품은 초기의 가구, 인테리어, 집수리 등을 넘어 여행, 식품, 미용, 취미, 술, 출판, 문화·예술, 금융, 의료 분야 등으로 확산하고 있다. 실례로 최근 직접 맥주를 집에서 만들어 즐기고 싶은 소비자가 증가하면서, 가정용 수제 맥주 기계의 판매량이 늘고 있다. 시장조사기관 Packaged Facts의 DIY 소비 트렌드 조사에 따르면, DIY 시장규모가 큰 미국 경우 전체 인구의 46%가 DIY형 소비층이라고 한다.

공유경제도 실제로 소비자가 소비사회를 변화시키는 사례이다. 공유경제는 자동차, 집, 사무실, 주차장, 에너지, 재능, 도구, 경험 등 자원을 다른 소비자와 공유하여, 소비자의 비용부담 절감뿐만 아니라, 과소비와 자원 낭비를 줄여 기후변화, 천연자원 고갈 등 환경문제를 해결하는 데 도움이 된다. 제레미 리프킨은 21세기에는 공유경제가 자본주의 경제를 대체할 것으로 예측한다. 그는 '협력적 공유사회(Collaborative Commons)'라는 새로운 경제 패러다임이 떠오르고 있다고 주장한다. 단순히 개인 소유물을 공유하는 경제를 넘어 온라인 교육, 전문적 지식, 문화 상품, 분산 에너지, 정보 등 거의 모든 자원이 공유되는 사회로 나아간다고 예측한다. 비즈니스에도 공유오피스, 공유식당, 공유배송, 공유창고, 공유서버 등 공유경제가 확산하고 있다. 그는 공유경제에서는 "나의 이익은 상대방 손해로부터 얻어진다는 고전적 경제 개념은 물러나고, 다른 사람의 행복을 증진하는 행위가 나의 행복을 늘린다는 개념이 새로 등장한다"고 주장한다.

중고시장도 부활하고 있다. 20세기만 해도 중고품 구매는 남이 쓰던 물건을 헐값으로 사서 쓰는 부끄러운 거래로 부정적 이미지가 컸다. 하지만 21세기로 들어오면서 온라인 플랫폼을 기반한 중고거래가 소비자 사이에 크게 활성화되고 있다. 한국에서는 대표적 온라인 중고시장인 당근마켓이 국내 톱5 쇼핑 앱 중 2위를 기록했다. (2021년 3월에는 당근마켓 한 주간 이용자가 1,000만 명을 넘어섰다) 업계 추산에 따르면 2020년 국내 중고거래 규모는 무려 20조에 달한다. 특히, MZ세대에게는 중고시장은 환경보호에 도움이 될 뿐만 아니라, 가성비가 좋고 보물찾기로 득템을 할 수 있는 재미난 시장으로 인기가 높다. 소유보다 경험을 중시하는 이들에게는 중고시장은 저렴한 비용으로 다양한 체험을 할 수 있고, 색다른 빈티지 멋과 감성을 주는 핫한 시장으로 인식된다. 중고 거래는 신상품 유행이 너무나 빠르게 변화하는 현상에 대한 합리적 대안이자, 자원 낭비와 환경파괴를 줄일 수 있는 효과적 대응 전략이기도 하다. 미국의 온라인 중고거래 플랫폼 업체인 스레드업(Thred up)은 2030년까지는 중고 거래가 신상품 거래를 추월할 것으로 예상한다.

이런 소비자와 시장의 변화는 사회 근본적 변화를 초래한다는 측면에서 '소비자 혁명'으로 명명할 수 있다. 하지만 소비자 혁명은 기존 혁명 방식과는 다르게 진행된다. 펠릭스 가타리는 《분자혁명》에서 억압된 욕망에 기초한 개개인의 혁명을 주장하였는데, 소비자 혁명은 이런 '분자혁명'에 맞닿아 있다. 이는 권력을 만들어 가지 않는, 권력의 기존 운영 방식과는 전혀 다른, 각 개인의 욕망에 기초한 유연한 혁명이 된다. 정치 권력을 직접적으로 지향하지 않고, 대의제가 아닌 개인이 직접 참여하여 세상을 바꾸는 혁명이다. 대의민주주의는 선출된 정치 권력의 이익과 선출한 시민의 이익이 충돌될 수 있는 제도적 불완전성이 항상 존재한다. 이제는 개개인이 직접 참여하는 소비자민주주의(또는 개인민주주의)*로, 대의민주주의가 교체되거나 보완되는 시대가 도래하고 있다. 미래에는 국가나 지자체의 중요 정책도, 모든 시민이 온라인 투표로 스스로 결정하는 시대가 오리라 예측된다. 왜냐하면 온라인에서는 시민의 투표 비용이 거의 들지 않아, 그리스의 아고라처럼 모든 시민이 결정에 참여할 수 있기 때문이다.

* 시민과 소비자 ···

시민은 국가와 사회를 이루는 구성원으로, 자발적 의사와 행동으로 국가 공적 영역의 의사결정을 만들어가는 주체라고 간주된다. 하지만 시민은 국가 공적 의사결정에 선거와 투표를 통하거나 여론, 시위, 혁명 등으로밖에 참여할 수 없다. 일상적으로 행해지는 대다수의 공적 영역 의사결정에서는 사실상 배제된다. 게다가 많은 사회 공적 결정이 '광장'이 아닌 '시장'에서 이루어지지만, 시민은 시장에서 이루어지는 의사결정에 참여할 수 없다. 하지만 소비자는 국가와 시장의 공적 의사결정에, 일상적으로 참여하거나 영향력을 행사하여 올바른 결정을 만들어 갈 수 있다. 국가와 시장은 소비자를 섬김의 대상으로 보기 때문에, 일상의 의사결정에서 소비자의 영향력과 의사를 반영할 수밖에 없다. 이 측면에서 시민보다는 소비자로서 시장과 사회를 변화시키는 것이, 더 좋은 세상을 만드는 현실적 방법이 될 수 있다. (실례로 환경문제는 시민보다는 소비자로서 해결할 여지가 크다) 다만, 시민의 공적 활동이 불필요하거나 효능이 사라진 건 아니다. 하지만 그 자체 한계와 사회구조 변화 때문에, 시민의 공적 활동도 소비자의 공적 활동과 맞물려 보완 작용을 거쳐 변화될 필요가 있다.

이제 소비자는 소비사회의 왜곡된 욕망이 아닌, 자신의 진정한 만족과 행복을 추구한다. 이는 소비자가 소비의 주도권을 자본에게서 되찾아와, 자신 삶의 만족과 행복을 위해 행사한다는 것을 뜻한다. 개인 소비자의 삶도 과소비와 과시소비의 탐욕과 경쟁이 아닌, 삶의 의미와 가치 그리고 정신적이고 관계적 만족으로 나아간다. 이는 소비자가 소비에서 자본이 조장하는 과시가치가 아닌, 개인가치를 추구한다는 사실을 의미한다. 소비자의 개인가치 추구는 물신숭배 소비사회를 보다 윤리적이고, 연대적이고, 친환경적이고, 인간중심의 사회로 만들어 갈 것이다. 물론 이런 흐름을 소비자가 사회변혁을 이루고자 하는 뚜렷한 목적의식으로 만들어 가지는 않는다. (정보혁명에서 개인이 혁명을 하기 위하여 일상에서 인터넷을 이용하지는 않았다) 이는 소비사회 병폐를 개개인이 일상에서 더 이상 견디지 못하여, 자연스럽게 개인적으로 저항하고 대안을 찾는 흐름에서 만들어진다. 사회를 보다 살기 좋은 곳으로 만들고자 하는 인류 역사의 큰 흐름이기도 하다. 소비자는 소비에서 개인가치를 추구하면서, 사회를 근본적으로 변화시키는 소비자 혁명에 자신도 모르게 참여하게 된다.

자본과 기업도 이제 소비자와의 관계에서 더 이상 우월적 지위를 누릴 수 없다. 생산자와 공급자가 많아지고 경쟁이 치열해지면서, 소비자에게 외면받는 기업은 생존이 어렵기 때문이다. 희소한 자원이 된 소비자의 '관심'이 기업의 생존 조건이 되었지만, 소비자는 그 관심을 쉽게 나누어 주지 않는다. 그만큼 더 까다로운 소비자가 되었다. 소비자는 군중이라는 수동적 존재가 아닌, 개인 소비자로서 주체성을 가지고, 전 세계 소비자와 언제든지 함께 행동할 준비가 되어 있다. 이제는 소비자가 시장에서 외면하거나 구매를 멈추면 자본도 무너진다. 따라서 21세기에는 자본의 일방적 권력은 무너질 수밖에 없다. 소비자 권력에 맞서 싸우거나, 소비자를 광고나 상징조작으로 우민(愚民)화하여 조정하기가 더 힘들기 때문이다. 이제는 자본주의 심장인 '시장'에서 생산자 권력과 소비자 권력 사이 힘의 역전이 발생하고 있다. 이는 일방적이고 탐욕적인 자본 권력의 몰락을 의미한다. 또한 이는 20세기 마초적 자본의 시대에서, 21세기 유연한 개인가치 시대로의 대전환을 뜻한다.

자본과 기업도 변화를 충분히 인지하고 있다. 변화에 대항하기 위하여 기업은 산업에서 독과점 지위를 구축하여, 소비자보다 우월한 지위를 유지하고자 시도한다. 하지만 독과점 지위는 자본주의 속성인 시장 경쟁주의에 반하기 때문에, 각국은 독과점 규제를 강화하여 독과점 추구는 더 어렵게 되었다. 더구나 글로벌 시장에서는 경쟁이 더 치열하여 독과점을 획득하기가 더 어렵고, 독과점 지위를 획득한 경우도 소비자의 외면으로 독과점은 무너질 수 있다. 사회학자 울리히 벡은 점점 더 커지는 소비자의 힘에 역행하여 생존할 수 있는 기업은 없다고 단언한다. 수많은 기업 마케팅 전문가도 윤리적이고, 친소비자적이고, 친환경적 기업만이 미래에 생존하고 번창할 수 있다고 말한다. 그들은 미래의 포춘 글로벌 500(미국 경제전문지 포춘이 매년 발표하는 매출액 순위 세계 최대 기업 500개 명단)에는 혹독한 소비자 검증을 거친 기업으로 채워질 것이라고 말한다. 기업 속성이 윤리적일 수 없지만, 윤리적으로 기업활동을 해야만 시장에서 생존하는 시대가 되었다.

반소비주의

반소비주의는 소비자본주의를 거부하는 운동이다. 소비주의가 환경파괴, 물질지 상주의 확산, 인간성 말살, 자본의 노동과 소비 착취, 소비 불평등을 초래하기 때문에, 자본주의적 소비 방식을 거부하거나 폐지해야 한다는 운동이다. 예로 생태주의자들은 생존을 위해 필요한 소비 외에는, 상업적 과소비를 거부하는 생활방식을 지지하고 있다. 한편 '문화 방해(Culture Jamming)' 운동이 서구 사회 일각에서 일어나고 있다. 소비자본주의를 상징하는 글로벌 기업의 브랜드를 타격하여 소비자본주의를 전복시키자는 운동이다. 글로벌 기업인 맥도널드, 스타벅스, 나이키 등 브랜드를 풍자와 해학으로 공격하여 브랜드 가치를 없애 버리자는 생각이다. 하지만 이 방식은 아나키즘 초기 과격파가 국가 지도자를 암살하여 국가를 폐지하자는 방식과 유사하여 실제적 효과에는 의문이 있다.

광우병 촛불시위

2008년에 한국에서 발생한 광우병* 촛불시위는 소비자운동에 의미하는 바가 크다. 당시 보수 정부는 광우병의 우려가 있는 미국산 소고기 수입금지를 성급하게 해제하고자 하였다. 이에 대해 소비자는 개개인이 자발적으로 참여하여, 최대 70만 명의 대규모 수입 반대 시위로 강력하게 항의하였다. 시위는 주로 인터넷 커뮤니티나 소셜 미디어로 전파되어 점점 규모가 커졌고, 정부도 마침내 무릎을 꿇고, 대통령이 사과하고 수입해제 조치를 수정하였다. 소비자는 기업뿐만 아니라 정부 정책에 대하여서도 강력하게 저항하고 주도권을 잡고자 하였다. 정치 권력은 소비자의 직접적 저항뿐만 아니라, 소비자가 곧 정치 권력을 선거로 선출하는 유권자(정치의 주권자이자 소비자)이기 때문에, 소비자 권력에 대항하여 이길 수 없다. 소비자 권력은 자본뿐만 아니라, 정치 권력에 맞설 수 있는 만큼 커졌다.

* 광우병 ··

1985년 영국 소에서 최초로 발견된 이후, 유럽과 미국, 캐나다에서 발생한 질병이다. 이 병에 걸린 소는 근육이 위축되어 아무 데나 들이받고 잘 걷거나 서지 못한다. 이후 광우병에 걸린 소를 먹은 사람이 사망하는 사고가 영국을 비롯한 스페인, 독일 등에서 발생하면서, 광우병이 사람에게 전염될 가능성이 더욱 커졌다. 당시 한국 보수 정부가 미국산 소고기 수입을 허용할 때, 광우병은 한국에서는 아직 발생하지 않은 질병이었지만, 한국 소비자는 선행적으로 저항하였다. 특히, 먹거리와 안전에 대한 위험은 소비자의 선행적 저항을 불러일으킨다.

광우병 촛불시위에서는 또 하나의 다른 소비자운동도 나타났다. 광우병 촛불시위에 대하여, 소비자의 목소리를 외면하고 일방적으로 보수 정부를 지지한 보수 신문 불매운동을 하기 위하여, 소비자는 자발적으로 언론소비자주권캠페인(이하 언소주)이라는 인터넷 커뮤니티를 만들었다. 당시 10만 명에 가까운 소비자가 언소주에 가입하여, 보수 신문과 광고주에 대한 대대적 항의 및 불매운동을 펼쳤다. 결국, 보수 신문과 광고 기업은 매출 감소와 쏟아지는 항의에 몸살을 앓고, 언소주 집행부를 업무방해 혐의로 고소하였다. 이후 법원에서 일부 언소주 집행부가 업무방해 혐의로 처벌되어, 보수 신문 불매운동의 동력은 줄어들었지만, 언소주 활동은 소비자운동에 하나의 전환점이 되었다. 소비자가 저항을 하는 대상이 단순히 상품을 제조·판매하는 기업만이 아닌, 모든 분야의 소비시장에 적용된다는 것이다. 소비자는 언론, 정치, 방송, 공공기관 등 다양한 분야에서도, 소비자의 가치를 실현하고 사회 변화를 만들어 간다는 것이다. 언소주의 언론소비자운동은 그 후 뉴스타파, 국민TV 등 대안 언론 운동으로 이어졌다. 뉴스타파는 기업 광고 없이 소비자의 정기후원으로 운영되고, 국민TV는 소비자협동조합 언론으로 출범하였다.

당시 보수 신문은 신문시장 독과점을 형성하고 무소불위 권력을 휘두르고 있었다. 하지만 소비자의 자발적 불매운동에 휘청였다. 당시 보수 정부와 보수 언론 눈치를 본 법원은 무리하게 업무방해죄로 언론소비자운동을 막았지만, 도도하게 커지는 소비자운동을 막기에는 당랑거철(螳螂拒轍: 사마귀가 수레바퀴를 막아서다)이 될 뿐이다. 기업 업무방해가 되지 않는 소비자운동이 논리적으로 그리고 현실적으로 존재하는가? 소비자운동 자체가 기업활동 또는 업무에 부정적 영향을 주는 활동을 하여, 기업 의사결정에 소비자의 요구 사항을 반영시키려는 의도이기 때문이다. (언소주 회원들의 불매와 항의 전화가 기업에 업무방해가 된다는 법원의 판단은 소비자운동을 막기 위한 무리한 판결이다) 물론 소비자운동이 폭력, 재물 훼손, 협박 등 다른 형사법률을 위반한 경우는, 동 법률에 따라 처벌하면 된다. 하지만 업무방해죄는 산업혁명 이후 유럽에서 노동자의 파업을 막기 위해 만든 법으로, 현재 이 법을 운용하는 나라는 경제협력개발기구(OECD) 가입국 중 한국이 유일하다고 한다. 한국에서 이 법은 적용 범위의 포괄성, 모호성, 작위성, 요건의 불명확성 등으로 논란이 되고 있다. 국제노동기구(ILO)도 2012년 11월 "한국 정부는 형법 314조(업무방해죄)가 결사의 자유 원칙을 침해하지 않도록, 즉각 필요한 조치를 취하라"고 촉구하였다. 자본과 국가권력은 노동조합을 옥죄는 방식으로 소비자운동도 옥죄고자 하나, 새로운 소비자 권력*은 자본과 정치 권력을 넘어서고 있다. 변화의 파도는 기득권 저항을 받지만, 결국 그 저항을 넘어 도도히 흘러갈 것이다.

한국의 사립유치원은 한 해 2조 원 가까이 정부 보조금이 지급되지만, 그동안 많은 비리와 원장 자의적 운영이 문제되었다. 그런데도 정부와 정치권은 한국유치원총연합회(한유총)의 반발 및 영향력으로 이에 대해 침묵으로 일관해 왔다. 하지만 이런 문제를 소비자로서 개선하기 위하여 엄마들이 '정치하는 엄마들'이라는 모임을 결성하였다. 이 모임에서는 지속적으로 유치원 비리에 대한 문제 제기와 개선 필요성을 여론에 호소하였다. 마침내 유치원 비리 방지를 위한 관련 법률(일명 유치원 3법)이 한유총의 거센 반발에도 불구하고, 압도적 여론의 지지로 2020년 1월 국회에서 통과되었다. 이는 거대한 자본 및 공급자에 대항하여, 어떻게 소비자가 연대하여 정치권마저 움직여 소비자의 권리를 쟁취하고 세상을 변화시키는지를 보여 주는, 21세기 새로운 소비자운동의 좋은 사례로 볼 수 있다.

새로운 시대

근본적 변화가 이루어지는 새로운 시대는 어느 날 갑자기 도래하지 않는다. 상당한 기간을 거쳐 내부 구성요소와 구성원의 작은 변화들이 누적되면서 도래한다. 이 변화는 역사적으로 볼 때 21세기에도 반드시 온다. 20세기 자본주의 사회가 21세기에도 변화되지 않고 계속된다는 생각은, 19세기 사회가 20세기에도 동일하게 유지되었다는 생각과 같다. 21세기에는 어떤 근본적 변화가 찾아올 것인가? 우선 기술과 과학의 발전은 더욱 가속화될 것이다. 21세기에는 제4차 산업혁명(제조업과 정보통신의 융합)이라고 불리는 사물인터넷, 3D프린터, 인공지능, 빅데이터, 드론, 로봇, 무인자동차, 생명공학, 나노기술, 퀀텀컴퓨팅 등이 꽃 피는 초연결성 사회가 될 것으로 예측된다. 그럼 우리 개인적 삶과 사회적 측면에서는 어떤 변화가 발생할까? 여러 가지가 발생하겠지만 보이지 않는 '조용한 혁명'이 우리 삶과 소비 방식에도 일어나고 있다. (미래사회는 더욱 다차원적 사회가 될 것이다) 클라우스 슈밥은 《제4차 산업혁명》에서 디지털시대가 되면서, 정보의 투명성과 소비자의 정보 접근성으로 권력이 자본에서 소비자에게로 이동한다고 주장한다. 아울러 소비자 개개인의 새로운 자각이 점차 늘어나, 소비자의 삶과 소비 방식에 변화가 발생하고, 시장 변화가 따라오면서 우리 사회의 근본적 변화가 이루어질 것이다.

20세기 소비자는 과시소비와 과소비에 몰두하였다. 더 많은 소비를 위한 부와 성공을 향한 무한경쟁에 빠졌다. 자본은 기업과 시장의 이익을 위하여, 소비자의 욕구를 왜곡하고 소비의 즐거움을 과장하여 소비자에게 심어 주었다. 하지만 일과 소비의 무한경쟁은 어느 정도 물질적 풍요를 가져왔지만 스트레스, 만성피로, 우울증, 무력감 등 각종 정신적·육체적 장애를 초래하였고, 소비자 삶의 의미와 행복은 줄게 하였다. 게다가 인간 행복 원천인 자연, 타인, 자신과 건강하고 조화로운 관계는 황폐해져 공허감과 박탈감을 초래하였다. 타인은 나에게, 나는 타인에게 점점 더 지옥이 되는 사회가 만들어졌다. 결국, 소비자는 소비사회가 약속한 만족과 행복은 맛볼 수 없는 허상이라는 사실을 깨달았다.

21세기 소비자는 이제 변화와 대안을 찾기 시작하였다. 소비에서 과시가치보다 개인의 만족과 행복 그리고 삶의 의미를 추구하는 개인가치를 찾기 시작하였다. 앞서 살펴본 바와 같이 개인가치를 위한 소비는 자신의 만족을 위한 소소한 소비일 수 있고, 환경과 사회정의를 위한 윤리적 소비일 수도 있다. 더 나아가 소비자는 군중이 아닌 개인 소비자로서 주체성과 개별성 그리고 진정성을 찾기 시작하였다. 새로운 소비자는 더 비판적으로 소비하고, 더 자아의식을 갖고 여가 시간을 구성한다. 이런 소비자의 변화는 시장의 변화*를 끌어낸다. 소비자는 네트워크와 소셜 미디어라는 새로운 무기로 무장하고, 자신의 행복과 가치를 실현하기 위하여 기업과 시장을 변화시킨다. 지그문트 바우만은 현대의 이상사회(유토피아)는 확고하고 물질적인 구체적 사회질서로 존재할 필요는 없지만, 최소한 현재에 잠재된 가능성과 적극적 대안으로 제시되어야 한다고 말한다. 그는 단 하나의 편협되고 직선적 유토피아가 아닌, 수많은 개인의 다양한 꿈과 희망을 반영한 수많은 대안적 행로가 허용되어야 한다고 주장한다. 이 측면에서 수많은 개개인 소비자가 각자의 꿈과 행복을 위한 개인가치를 추구하면서 만드는 변화가, 21세기 새로운 사회의 지향점이 될 수 있다.

* 자본주의의 한계와 변화

자본주의는 시장을 통한 자본의 이윤 획득이 가장 큰 목적으로 운영되는 경제체제를 말한다. 따라서 자본주의는 물질 우선주의에 기반하며, 물질적 풍요와 성장을 추구한다. 자본주의는 인류에게 절대적 빈곤에서 벗어나게 해 주고, 물질적으로 더 풍요롭고 편리한 삶을 가져다준 측면이 있다. 하지만 21세기 새로운 시대에서 자본주의라는 견고한 성은 점차 도전을 받아 내부적으로 허물어지고 있다. 물질적 풍요와 편리가 삶의 진정한 만족과 행복을 가져다주지 않기 때문이다. 더구나 물질적 성공을 얻기 위한 무한경쟁과 스트레스는 인간을 견딜 수 없는 상황까지 몰아갔다. 이제 사람들은 자신의 진짜 행복한 삶을 고민하며 찾고 있다. 물질적 풍요와 정신적 풍요가 조화로운 삶을 만들어 가고자 한다. 역사는 고대 물질주의(정복과 약탈) → 중세 정신주의(종교) → 근대 물질주의(자본주의) → 탈근대 21세기 정신주의(개인가치 추구)로 반복하면서 발전한다.

소비자의 개인가치 추구는 여러 측면에서 분명 좀 더 좋은 사회를 만들어 갈 것이다. 첫째, 자본과 기업의 무한대 탐욕은 더 견제를 받을 것이다. 윤리적 소비자의 증가로 윤리적이고, 공정하고, 사회 가치를 창출하는 기업이 더 생존하고 번창할 수 있는 경제 구조가 조성될 것이다. 이는 부작용이 적은 튼실한 경제성장(지속 가능한 성장)이 가능하도록 하며, 경제성장이 개인 삶의 행복과 만족도를 같이 높일 수 있는 사회를 만들어 갈 것이다. 부의 분배 측면에서도 '기본소득제'가 현실화된다면, 사회 생존경쟁의 치열함도 다소 완화되리라 예상된다. 둘째, 자연생태는 이전보다는 더 잘 보존되거나, 최소한 더 악화가 되는 상황을 막을 수 있다. 이제 소비자는 환경문제가 자신 삶의 질에 직접적으로 영향을 준다고 충분히 자각하고 있고, 친환경적 소비를 하고자 노력한다. 기업도 친환경적으로 기업활동을 하지 않으면, 소비자에게 외면받고 시장에서 생존이 어려울 수 있다고 체감한다. 물론 소비자와 기업의 자각과 노력이 실제로 얼마나 결실을 볼지는 두고 보아야 하겠지만, 최소한 현재 상황을 개선하는 데 도움이 될 수 있다. 셋째, 개인 소비자의 삶도 개선될 수 있다. 물질적 과소비와 과시소비 함정에서 벗어나고, 소비사회 병리 현상을 극복하여, 자기 삶의 만족과 행복감을 높일 수 있다. 21세기 새로운 소비 및 라이프 트렌드는 이런 가능성을 보여 준다. 타인과 공존 가치도 좀 더 사회에 뿌리내릴 수 있다. 사회적 경제 및 협력적 공유경제가 확대되고, 다른 사람과 인간적이고 친밀한 관계를 맺고 싶은 소비자가 늘어, 사회 공존 가치도 좀 더 확산할 수 있기 때문이다. 현재 이런 새로운 시대가 도래하고 있다는 징후가 우리 삶과 사회의 많은 부분에서 나타난다. 물론 상기 예측은 아직은 상당 부분 미래 가능성의 영역에 존재한다. 사회 제도적 측면이 구체적으로 어떻게 변화할지도 불투명한 가능성의 범위에 남아 있다. (다만, 사회제도도 소비자와 시장 변화에 맞추어 변화될 것으로 예측된다) 게다가 이런 개선 가능성이 완벽한 이상사회(유토피아)를 보여주지도 않는다. 하지만 다른 모든 변화나 발전과 같이 현재 문제를 점차 극복하면서, 사회 구성원이 더 살기 좋은 사회로 나아간다면, 소비자 혁명은 의미가 있고, 앞으로 더 구체적으로 논의가 되어야 할 가치가 있다. 소비자 혁명을 촉진하기 위하여 우리가 어떻게 해야 하는지도 앞으로 논의가 더 필요하다.

물론 전체 소비자가 개인가치를 찾는 소비자로 바뀌지는 않을 것이다. 사회 경쟁이 치열해질수록 남에게 보여 주기 위한 과시소비가 일정 부분 늘어날 수 있다. 경쟁 스트레스와 좌절로 과시소비에 더 몰두하는 사람도 있을 수 있다. 그래서 미래사회에서도 과시가치는 상당 부분 영향력을 발휘할 것이다. 다른 한편 개인가치를 추구하는 과정에서 부작용도 발생할 수 있다. 이기적 개인주의 확산, 사회생활을 거부하는 은둔형 외톨이의 증가, 한 분야에만 지나친 열정을 쏟는 오타쿠의 증가, 익명성에 숨은 폭력성, 1인 가구 증가로 인한 출산율 감소와 고독사, 외로움 심화 현상 등이 초래될 수 있다. 부의 양극화, 출신에 따른 계급화, 치열한 취업 경쟁 등 사회경제 문제도 더욱 심각해질 수도 있다. (모두가 언제나 행복한 완벽한 유토피아는 앞으로도 존재하지 않을 것이다. 그런 사회가 되면 인간은 '지루한 행복'을 견디지 못할 것이다) 하지만 과시가치보다 개인가치를 추구하는 소비자가 늘어나면서, 그 늘어나는 만큼 21세기 사회에 전반적으로 긍정적 변화가 초래될 수 있다. 이 변화는 현재 발생하고 있고, 우리는 닿을 수 있는 새로운 미래를 향해 전진하고 있다.

　국가 복지정책도 21세기 개인가치 시대에는 변화될 필요가 있다. 단순히 경제적 자립을 위한 취업 지원, 빈민과 약자에 대한 기초적 의식주와 의료·교육 지원에만 그쳐서는 안 된다. 사회적 약자들이 끝없이 절망의 나락으로 떨어지지 않을 만큼만, 또는 간신히 생존할 만큼만 복지를 제공하는 정책으로는 충분하지 않다. 전체 시민들이 육체적·정신적 병리 현상 극복, 개인적 행복의 증진, 공동체에서 연대 활동, 문화적 생활 등이 가능하도록 나아가야 한다. 이런 복지정책 방향은 개인의 세 가지 관계망 즉 자연, 타인, 자신과 건강하고 조화로운 관계성을 회복하도록 돕는 것이다. 가령 국가나 지자체가 도시민에게 독일의 클라인 가르텐 또는 러시아의 다챠와 같이, 도시 근교에 농막 및 텃밭을 저렴하게 임대한다면, 도시민도 텃밭 활동으로 스스로 건강한 먹거리를 자급할 수 있고, 도시 생활의 스트레스로 지친 심신을 다소나마 회복할 수 있다. 텃밭을 일구면서 가족 및 이웃과 신뢰와 연대감을 높일 수 있고, 아이들에게는 좋은 생태교육과 정서적 안정감을 가져다줄 수도 있다. 이 과정을 통하여 개인은 자연, 타인, 자신과 관계가 개선되고 삶의 행복감도 높일 수 있다. 게다가 이는 쿠바 사례에서 보듯 개인적 및 국가적 식량안보 측면에서 식량 자급률을 높일 수도 있다. 부차적으로 이는 도농 교류 활성화 및 농촌 지역경제에 도움이 될 수도 있다. 이와 같은 정책적 효과는 시장경제를 통해서는 만들어 낼 수 없다. 시장경제는 이런 활동을 억제하는 방향으로 작동하기 때문이다. 시장경제는 이런 활동을 비효율적이고 비경제적 활동으로 치부한다.

21세기 새로운 복지 축: 관심 ···

제3장 중 〈시장의 변화〉의 〈관심의 경제〉 편에서 논하였듯, 21세기에는 모두가 간절히 원하지만 얻기 힘든 건 타인의 관심이다. 이제는 사람을 가장 절망케 하고 삶을 포기케 하는 이유는 외로움이고 타인의 무관심이다. 외로움은 생활고에 억눌린 빈민 계층뿐만 아니라, 무한경쟁사회를 힘들게 살아가는 모든 사회 구성원이 겪는 질병이다. 따라서 국가도 관심이라는 사회자원이 적절히 나누어지도록, 새로운 복지정책을 펼 필요가 있다. (영국에서는 2018년에 국민의 외로움 문제를 대처하기 위한 장관 직책이 신설되었다) 가족과 이웃, 공동체에서 시민들이 서로에게 진정한 관심을 나눌 수 있도록 세심한 '관심복지' 정책을 만들 필요가 있다. 예로 지자체 주민센터에 누구의 이야기도 들어주고 조언을 해 줄 수 있는 '관심복지사' 제도를 만드는 것이다. 이는 현재의 주민 민원 해결이나 취약계층을 돌봐 주는 제도가 아닌, 모든 주민의 외로움 문제를 도와주는 새로운 복지제도가 될 것이다. 시간과 관심 자원을 여유롭게 가진 은퇴한 시민들이 관심복지사로 자원봉사를 할 수도 있다.

한편 BTS는 미래사회 성공적 기업모델의 하나가 될 수 있다. BTS는 단순히 춤과 노래를 잘한다는 이유로만 전 세계적인 인기가 있지는 않다. 그들은 팬들과 '진정성'을 가지고 소통하고, 삶의 의미와 가치 그리고 올바른 사회를 중시한다. 물론 BTS도 경제적 이익을 추구하는 문화자본 본질을 갖고 있지만, 그들 팬에게는 그렇게 보이고 느껴진다. BTS는 '너 자신을 사랑하라(Love yourself)'와 '너 자신을 표현하라(Speak yourself)'는 젊은 층의 시대정신을 담은 노래 메시지와 거짓 없는 모습을 보여 준다. 학교와 사회 경쟁에 지치고 좌절한 수많은 젊은 팬(ARMY)은, 이런 BTS 노래와 모습에 위로와 삶의 의미를 찾는다. 그렇기 때문에 그들은 자발적이고 열정적으로 BTS를 주변에 전파한다. 이제 소비자는 기업의 눈속임 같은 광고나 마케팅에 더 이상 쉽게 현혹되거나 속지 않는다. 기업과 상품 브랜드에 대한 소비자 충성도는 갈수록 줄고, 지속 기간도 짧아지고 있다. (소비자 혁명의 최전선은 소비자와 기업 마케터 사이에 걸쳐 있다) 하지만 소비자는 기업의 진정성을 발견하고 자신 삶에 의미가 있다고 느끼면, 어느 때보다 더 열광하고 관심을 보여 준다. 진정성과 삶의 의미는 이미 희소하고 귀중한 가치가 되었기 때문이다. 따라서 미래 기업은 진정성과 소비자 가치를 기업활동에 체질적으로 녹여내야만 생존하고 번창할 수 있다. 가령 미래 기업에는 소비자 대표가 이사회에 참가하여, 소비자의 이익을 대변하고 보호하는 시대가 될 수 있다. (소비자가 기업 흥망성쇠를 좌우한다면, 소비자 대표가 기업 의사결정에 참여하는 건 당연하고 필요하다)

21세기가 우리에게 장밋빛 전망만 보여 주지는 않는다. 제4차 산업혁명과 디지털 사회 발전에 따라, 소비자에게는 또다시 넘어야 할 새로운 거대한 산이 다가온다. 소비자의 디지털 발자국과 접속의 삶은 네트워크 플랫폼, 빅데이터(Big Data), 사물인터넷, 인공지능 등으로 권력과 자본의 통제 위험에 갈수록 노출된다. 각국 정보기관은 시민의 개인정보와 사생활을 들여다보면서 통제하고 있고, 수많은 CCTV로 개인의 많은 일상이 기록되고 감시된다. 네트워크 플랫폼을 장악한 기업은 빅데이터와 인공지능을 활용하여, 소비자의 사적인 심리와 취향을 파악하여, 소비자의 소비생활에 영향을 미치고자 노력한다. (빅데이터와 AI 기술은 내 안의 보이지 않는 수많은 나를, 나보다 더 잘 파악할 수 있다) 하지만 자본과 국가의 디지털 파놉티콘을 견제하는 시민 및 소비자의 역감시(역파놉티콘 또는 시놉티콘)도 점점 힘을 얻어 갈 것이다. 앞으로 소비자와 디지털 네트워크를 통제하려는 세력과 전쟁과 견제는 더욱 치열하게 전개될 것이다.

　마지막으로 새로운 시대에 대하여 간략하게나마 언급하고 싶은 건 '기본소득제'이다. 기본소득제는 21세기 소비사회에 큰 변화를 몰고 올 수 있다. 실현 가능성을 낮게 보는 시각도 많지만, 결국 점차 도입되리라 본다. 자본주의 생산력이 고도화될수록 노동력의 필요성 및 사람의 일자리는 감소할 수밖에 없어, 자본의 생존 필수조건인 소비자의 소비 역량을 유지하기 위해서도 도입이 불가피하리라 본다. 이는 소비사회를 유지하는 소비자의 소비 노동에 대한 합당한 대가이기도 하다. (자연자원 및 인류가 쌓아 온 사회 인프라에 대한, 모든 사람이 동등하게 가진 권리의 대가이기도 하다) 결국, 소비자 권력과 자본 권력은 안토니오 그람시가 주장하는 헤게모니 전쟁에서, '타협 균형'으로 기본소득제를 만들어 낼 수 있다. 소비자 권력과 타협으로 기본소득제를 수용하면서, 자본 권력은 존재 가치를 인정받고 생존을 보장받을 수 있다. 소비자도 치열한 생존경쟁에서 일정 부분 벗어나, 자신이 원하는 인간적 삶을 살 수 있는 기초적 생활 조건을 확보할 수 있다.

새로운 예술

예술도 21세기 새로운 시대에는 새로운 예술로 나타날 것이다. 사람들은 기존의 폐쇄적이고, 형식적이고, 영혼이 없는, 그래서 나에게 전혀 공감되지 않는 예술에서 벗어나고자 할 것이다. 이에 따라 구별 짓기와 과시척도가 아닌, 공감을 통하여 인간과 인간을 연결해 주는 새로운 예술이 출현할 것이다. 항상 변화는 주류와 중심이 아닌 비주류와 주변에서 시작된다. 인간을 넘어서는 그래서 인간이 없는 예술이 아닌, 보통 인간의 '지금 여기' 좌절과 통증으로 공감되는 새로운 예술이 나올 것이다. 그것은 죽은 이가 아닌, 살아 있는 사람의 살과 뼈로 그리고 그 비극적 분노로 시작된다. 기존 경계는 무너진다. 대중예술과 순수예술 경계, 예술 장르 경계, 전시장과 일상의 장 경계, 공연장과 거리 경계, 고전과 현대 경계, 예술과 기술 경계 등 장벽이 무너지면서 새로운 콜라볼레이션 예술이 등장할 것이다. 이는 인간을 위로하고, 치료하고, 참여시키고, 체험케 하는 새로운 '공감 예술'로 나타날 것이다.

새로운 광고 - "재킷을 사지 말라!" ·····························

미국 아웃도어 의류 업체인 파타고니아는 자사 광고에 "자사 재킷을 사지 말라!"라는 파격적 광고 문구를 사용하였다. 옷을 만드는 과정에서 환경이 파괴되니, 재킷이 정말 필요한지 생각하고 구매하라는 메시지였다. 아울러 파타고니아는 환경보호를 위하여 옷을 입을 수 있을 때까지 입도록, 수선하여 고쳐 입기를 권장하는 '원웨어(Worn Wear)' 캠페인을 지속적으로 추진하고 있다. 《포천》지에 따르면 그 진정성에 감동한 소비자들 때문에, 파타코니아의 매출은 40% 급성장하였다고 한다. 환경문제를 최소화하기 위하여 파타고니아는 친환경 원료와 재활용품 소재를 이용하여 옷을 만드는, 친환경 글로벌 아웃도어 브랜드로 정평이 나 있다. 그들은 매출의 1%를 자연에 돌려주는 '지구세'를 스스로 내고 있다.

미쿡산 쇠고기

그때 청계 광장에서 분노했는데
난, 이제 거리낌 없이
미쿡산 쇠고기를 먹는다
1인분 9,900원에 금맥을 발견한 듯
미친 듯 먹는다
마치 쇠고기를 먹는 게
내가 아닌 듯, 모두가 그러하듯
삶은 원래 그렇다고 믿듯

광장 아이들 얼굴과 촛불도
물대포에 맞선 만용도
불판 위 살점을 뒤집으며 같이 굽는다
서민은 이렇게라도 살아야지 라고 되뇌며

소가 소를 먹어 뇌가 텅 비워진 광우병도
한 평 우리에 평생 갇혀 사육되는 비애도
비계를 마블링이라 감탄하면서
입안에 육즙 가득 채워 같이 질겅질겅 씹는다
서민은 이렇게라도 먹어야지 라고 되뇌며

소비사회

침을 튀기고 팔을 휘두르며

힘 있는 놈들 욕을 하면서

소주와 육질과 육즙은 목구멍을 타고

힘차게 내려간다

서민은 이렇게라도 숨 쉬어야지 라고 되뇌며

시민과 서민은 점 하나 차이라고 위안하면서

잔치 뒤 허전함을 위장하듯

도시 밤 달의 비늘과

오늘 몫 나의 각질이 눈처럼 내린

비린내 가득한 거리로, 취한 한 사내가

정신분열증 환자처럼 비틀비틀 걷고 있다

서민은 이렇게라도 취해야지 라고 되뇌며

- 이종희 시집《슬픔의 사계》에서

행복을 위한 소비

헤르만 헤세는 말했다. "인생에 주어진 의무는 다른 아무것도 없다네. 그저 행복하라는 한 가지 의무뿐. 우리는 행복하기 위해 세상에 왔다네." 모든 사람의 공통적 인생 목표는 건강하고 행복한 삶이다. 열심히 일하고 소비하는 행위도 행복한 삶을 위해서다. 하지만 우리는 지금 삶이 건강하고 행복한 삶인지 되돌아보아야 한다. 사람에 따라 차이가 있겠지만 많은 사람이 이전보다 물질적으로는 풍족해졌지만, 가족과 같이 보낼 시간은 줄어들었고 이웃이나 친구와 따뜻한 정을 나눌 기회도 감소하였다. 건강한 삶을 즐길 자연과 교류도 없어지고 미세먼지, 기후변화, 자연재난, 환경오염 등으로 우리는 고통받는다. 치열한 경쟁으로 타인과 관계에서 인간적 가치가 사라지고, 언제나 경쟁 상대로 또는 이익을 위한 대상화된 관계로, 타인은 나에게 그리고 나는 타인에게 지옥이 되었다. 상품화된 나는 나 자신이 원하는 삶에서 멀어져 진정한 행복을 느낄 수 없다. 우리는 소비자본주의의 성과주체로서 무한책임과 무한경쟁에서 생존해야 한다는 강박감에 하루하루 허덕인다.

소비사회가 삶의 기쁨을 누리라고 권장하는 과소비와 과시소비는 우리에게 만족과 행복을 주기보다, 소비의 공허함과 타인과 소비 경쟁만 초래하였다. 더 많은 부와 소비를 향한 무한경쟁에 매달리게 만들었다. 삶의 행복과 만족이 아닌 경쟁에서 승리 자체가 인생의 목표가 되게 내몰았다. 이 과정에서 많은 사람이 스트레스, 만성피로, 우울증, 무력감, 소진증후군, 분노조절장애, 강박장애, 대인공포, 권태감, 공황장애, 불면증 등으로 건강하고 행복한 삶에서 멀어졌다. 앞서는 이런 상황을 자각한 소비자가 새로운 길을 모색한다는 현상을 논하였다. 그 새로운 모색은 소비자의 삶을 변화시키고, 시장을 변화시키고, 세상을 변화시키는 21세기 소비자 혁명으로 이어진다. 이와 더불어 소비자 혁명이 만들어 가는 소비자의 개인 삶도 더 의미 있고 행복한 삶이 되어야 한다. 푸코의 저서 제목이기도 한 《헤테로토피아》는 'Heteros(다른)'와 'Topos(장소)'의 합성어로, 현실에 존재하지 않는 유토피아가 아닌 현실에 존재하는 이상세계를 뜻한다. 우리가 다른 생각과 시선으로 같은 장소와 시간도 다르게 보고, 다르게 만들어 간다면, 그곳이 나만의 그리고 우리의 헤테로토피아가 될 수 있다. 우리는 삶을 선택할 수는 없지만, 좋은 삶의 방식을 선택하여 가치 있고 행복한 삶을 살 수 있다. 이 마지막 편에서는 건강하고 행복한 개개인 소비자의 삶을 위한 세 가지 다른 소비 방향을 제안한다.

조화로운 관계성 회복

사람의 행복은 기본적으로 관계망에서 비롯된다. 인간은 본질적 측면에서 세 가지 관계망을 가지고 있다. 자연과, 타인과, 나 자신과 관계망이다. 행복도 불행도 이 세 가지 관계망에서 비롯된다. 이 관계망이 만족스럽고 조화로울 때 인간은 행복해지고, 이 관계망이 무너지고 왜곡되었을 때 인간은 불행해진다. 그런데 소비사회는 인간의 건강하고 행복한 관계망을 물질지상주의와 시장 상품화로 왜곡하고 소외시켰다. 자연과, 타인과, 나 자신과 관계에서 우리는 소외되고 이방인이 되었다. 행복을 되찾기 위해서는 우리는 이 관계망을 복원해야 한다. 물질적 소비를 넘어 우리 삶의 전체적 측면에서 이 관계망을 복원해야만, 우리는 건강하고 행복한 삶을 되찾을 수 있다.

우선 인간은 본질적으로 자연과 함께할 때 편안함, 위로, 자연적 건강함을 가진다. 자연과 관계는 단순히 자연을 보고 즐기는 것뿐만 아니라 공기, 물, 흙, 농·축·수산물, 하늘, 숲, 나무, 바다 등 모든 자연과 관계가 포함되고, 이 관계가 만족스럽지 못하면 인간은 행복하고 건강해질 수 없다. 하지만 현대인은 점차 자연과 교류를 할 수 없고 소외되는 길을 걸어왔다. 최소한의 자연적 여건인 깨끗한 공기와 물도 제대로 누릴 수 없고, 온종일 빌딩과 아스팔트에 갇혀, 철저히 자연에서 소외된 삶을 살게 되었다. 자연에서 소외는 인간에게 새로운 질병인 자연결핍장애(NDD: Nature Deficit Disorder)을 초래한다. 자연결핍장애는 인간이 자연에서 멀어지면서 생기는 감각 둔화, 주의집중력 결핍, 육체적·정신적 질병 증가 등을 말한다. 한편 자연자원의 무분별한 개발과 막대한 쓰레기 방출로 자연은 심각히 훼손되고 있다. 지구온난화와 폭염, 폭우, 사막화, 미세먼지 등으로 우리 일상 삶도 심각하게 위협받고 있다. 핵무기와 핵발전소는 지구생태계와 인간 모두를 한

번에 없애 버릴 가능성을 안고 있다. 이처럼 자연생태계 파괴는 우리 자신을 스스로 파괴하는 게 된다. 따라서 인간은 건강하고 행복한 삶을 살고자 한다면, 무엇보다도 자연과 건강한 관계를 회복해야 한다. 삶과 소비 방식의 변화로 우리는 자연과의 관계를 복원할 수 있다. 단순히 구매하여 소비하는 방식만이 아닌, 우리 삶의 큰 틀에서 자연과 관계를 복원해야 한다. 과소비와 과시소비를 줄이고, 친환경 제품을 소비하고, 조그마한 정원이나 텃밭이라도 일구고, 숲속에서 산책하는 시간을 갖고, 가끔은 눈을 들어 하늘의 별을 바라보아야 한다. 안드레아스 베버는《자연이 경제다》에서 자연은 경제적 측면에서도 중요한 효용을 가져다주지만, 생태적 실천이 인간에게 더 많은 효용을 가져다준다고 말한다.

소비사회에서는 타인과 관계도 심각히 훼손되었다. 우리 삶의 만족과 행복은 타인과 관계에서 직접적으로 영향을 받는다. 가족, 친구, 이웃, 동료와 관계가 악화하면, 우리 삶은 즉시 그리고 전면적으로 부정적 영향을 받는다. 그런데 현대인은 성과, 경쟁, 이익 추구에 매몰되어, 타인과 관계에서 신뢰, 위로, 배려, 공감, 사랑 등 인간적 가치를 찾아보기가 어려워졌다. 어린 학생들조차 친구를 어울려 즐기며 우정을 나눌 존재라기보다는, 자신의 성적을 위해 수단과 방법을 가리지 않고 넘어서야 할 경쟁자로 여긴다. 실제 우리가 주변에서 흔히 보는 온갖 범죄, 폭력, 갈등, 법적 분쟁 등도 결국 더 많은 부와 과시소비를 위한 타인과 이기적 경쟁에서 비롯된다. 타인과 교류와 즐거움을 위한 놀이, 스포츠, 문화, 예술도 경쟁주의와 물질지상주의에 물들어 타인과 함께 진정으로 즐길 수 없다. 스트레스와 우울증 등 각종 병리 현상도 타인과 따뜻한 관계가 무너져 초래된 면이 크다. 한편 타인과 지독한 경쟁 및 접촉 스트레스는 방어기제로 타인과 관계 기피 현상을 만들어 낸다. 타인이 불편하고 지옥이 되는 상황에서, 스트레스와 감정 소모가 많은 타인과 관계와 접촉을 가능한 피하게 된다. 심지어는 가게에서 점원보다는 무인계산기가 더 편하게 느껴진다. 그러나 어쩔 수 없이 타인과 접촉해야 하는 일터에서는, 누구나 동료와 경쟁 스트레스뿐만 아니라, 고객 또는 상사에 대하여 '을'의 스트레스와 모욕을 감수할 수밖에 없다. 더욱이 성과주체로서 경쟁에서 살아남기 위하여 현대인은 너무 바쁘고 정신적 여유가 없기 때문에, 타인과 진실되고 인간적인 관계 맺기가 갈수록 어려워진다. 타인의 인정과 존경을 받기 위한 과시소비도 타인의 질투와 갈등만 초래할 뿐이다.

하지만 본질적으로 삶의 행복과 만족은 타인과 인간적이고 진실된 관계에서 비롯된다. 따라서 타인과 행복한 관계성을 복원하기 위해서는, 타인과 경쟁의식을 어느 정도는 벗어나야 한다. 특히, 소비에서 경쟁적 과시소비 행태를 벗어나야 한다. 행복 연구 권위자인 서울대 심리학과 최인철 교수는 사람의 행복에는 돈보다는 관계의 힘이 더 크고 중요하다고 한다. 그는 관계의 행복을 키우기 위해서는 자기 중심성을 극복해야 한다고 주장한다. 타인과 관계가 자신의 이익을 위한 수단이 아니라, 타인과 행복한 관계 자체가 목적이 되어야 한다. 타인을 목적으로 대하고 진실된 관계를 추구해야만, 타인의 신뢰와 인정과 사랑을 받을 수 있다. 그래야만 내 삶도 행복해질 수 있다. 가령 돈을 빌리거나 부탁을 하기 위해서보다는, 내가 보고 싶어 연락하는 친구에게, 우리는 더욱 친밀감과 행복을 느낄 수 있다. 내가 하는 행동에 대하여 친구도 동일한 느낌이 든다. 친구에게 명품이나 비싼 차를 과시하기보다는, 허름한 선술집에서라도 마음 터놓고 즐거운 시간을 같이 보내는 게, 나와 친구에게 진정한 행복을 가져다줄 수 있다. 타인과 관계에서 배려, 진심, 공감, 신뢰, 따뜻함, 인간미 등은 냉혹한 경쟁 사회에서 값비싼 세 끼 식사보다 더 소중하고 값어치가 있다. 더불어 인간관계는 상호적 관계이기 때문에 내가 타인을 시장가치로만 여긴다면, 결코 가치 있는 인격적 인간관계는 성립될 수 없다. 사랑은 사랑으로, 신뢰는 신뢰로, 우정은 우정으로, 배려는 배려로서만 타인과 교환해야 한다.

자기 자신과 소외도 현대 소비사회의 대표적 병리 현상이다. 자기소외는 내가 나 자신에서 소외되어 비본질적 상태에 놓이는 상황을 일컫는다. 소비사회에서는 시장과 타인의 시선에 따라 상품화된 나는, 본래의 자신과는 멀어져 서로 낯설게 되는 상태로 놓이게 된다. 자신의 존재론적 욕망과 삶의 방식을 잃어버리고, 오로지 하나의 시장상품으로서 시장과 타인이 원하는 방식으로 욕망하고 살아간다. 가령 아이가 엄마의 욕망과 원하는 방식으로만 살아가다 보면, 자신의 욕망과 본질을 잃어버리는 상황과 유사하다. 마치 영화 〈프라하의 학생〉에서와 같이, 거울 속 자신의 상을 악마에게 팔고, 물질적 성공을 좇아가는 삶의 방식이다. 하지만 악마에게 판 거울 속 자신의 상은, 항상 어디든 나를 그림자처럼 쫓아다니면서 괴롭힌다. 자기소외가 극대화되면 자신의 본질을 낯설게 느끼면서, 상품화된 나만이 진짜 나 자신이라고 믿게 된다. 더욱이 상품화된 나는 칼 구스타프 융이 지적한 바와 같이, 상황별로 다른 가면(페르소나)을 가진 수많은 나로 분열되고 정체성 혼란이 가중된다. 결국, 상품화된 나는 가면 뒤 나의 본질과 진정 원하는 것을 지워 버리고 알 수 없게 만든다. (현대인의 심각한 문제 중 하나는 본인의 정체성이 무엇이고, 자신이 진정 무엇을 원하는지를 알 수 없다는 것이다)

에릭 프롬은《소유냐 삶이냐》에서 현대인 삶의 방식을 두 가지로 구분한다. 하나는 재산, 지식, 사회적 지위, 권력을 소유하고 소비하는 것에 전념하는 소유적 실존방식이고, 다른 하나는 자기 능력을 능동적으로 발휘하며 삶의 희열을 느낄 수 있는 존재적 실존방식이다. 그는 '소유 방식'의 삶에서 벗어나 '존재적 삶'으로 나아가야, 개인과 사회의 행복이 가능하다고 한다. 소유와 소비에 기반한 상품화된 나는, 진정한 만족과 행복을 나 자신에게 가져다줄 수 없다. 그런 나는 시장과 타인이 원하는 하나의 상품이자 껍데기일 뿐, 나 자신이 원하는 존재론적이고 진정한 내가 아니기 때문이다.

출세와 과시소비가 상품화된 내가 추구하는 행복이라고 하지만, 그런 것은 나 자신의 마음 깊숙이 우러나오는 행복감을 만들어 줄 수 없다. 비싼 차와 옷을 샀다고 해서 만족감이 얼마나 오래 지속하는가? 가수 밥 말리는 말했다. "돈은 숫자고 숫자에는 끝이 없다. 만약 행복하기 위해 돈이 필요하다면, 당신은 끝없이 찾아야 한다." 과시소비는 타인의 인정과 사랑을 받고 싶은 자신의 존재론적 욕망을 채워 줄 수 없다. 진정한 행복과 만족을 위한 소비는, 타인에게 보여 주기 위해서보다는, 자신의 존재론적 욕망에 따라 이루어져야 한다. 그런 소비를 통하여 자신과 관계가 복원되고, 삶이 충실해지고, 자신이 원하는 삶을 살 수 있다. 소비할 때 또는 일상의 삶에서, 이것이 오로지 시장이 원하는 것인지 또는 타인에게 보여 주기 위한 것이지, 아니면 나 자신의 삶에 가치가 있고 의미가 있는지 되돌아보아야 한다. 그리고 내 삶을 풍요롭고 가치 있게 하는 실천을 일상에서 꾸준히 해야 한다. 그래야만 나 자신과 관계도 복원이 되고, 진정한 행복한 삶을 되찾을 수 있다.

조화로운 삶

스콧 니어링은 대학교수로서 열정적 반전 및 좌파 활동으로 여러 대학에서 해직되고, 미국 연방법원에 스파이 혐의로 기소가 되는 등 험난하지만 양심적 지식인의 삶을 살았다. 그 이후 그는 50대 초반에 부인 헬렌 니어링을 만나 같이 버몬트 시골 오지로 내려가 살았다. 그들은 그곳에서 스스로 집을 짓고, 자급자족 생활을 유지하였다. 그들은 오전에는 그들 작은 사탕수수 농장에서 일하며 최소한의 생계비용을 마련하고, 오후는 책을 읽거나 명상을 하는 등 지적·영적 활동을 하며 보냈다. 저녁 시간에는 다른 사람들과 교류와 토론을 하면서 하루 삶을 마무리하였다. 농장 일이 없는 겨울에는 세계 곳곳을 여행 다니며 강연을 하거나 저술 활동을 하였다. 그들이 쓴 《조화로운 삶의 지속(Continuing The Good Life)》은 그들의 삶을 기록한 책으로, 조화롭고 좋은 삶을 찾는 많은 이들에게 영감을 준다. 스콧 니어링은 100세가 되던 때, 병은 없으나 더 이상 활동하기 어렵다는 것을 깨닫고, 스스로 곡기를 끊었다. 그는 헬렌 니어링이 지켜보는 가운데 평화롭게 눈을 감았다.

공동체 가치

헤겔은 타인에게 인정받으려는 욕구가 인간 동기의 핵심이라고 주장한다. 프로이트도 인간은 타인에 의존하기 때문에 타인의 사랑과 인정을 갈망한다고 말한다. 현대인이 타인과 관계에서뿐만 아니라 일에서도 탈진을 하기까지, 자신을 혹사시키는 이유도 이런 욕망과 관계가 있다. 소비사회는 경제적 성취와 소비 경쟁으로 타인의 사랑과 인정을 받을 수 있다고 말한다. 특히, 과시소비로 자신의 우월성을 증명하면, 타인의 인정과 존경을 받을 수 있다고 한다. 하지만 타인은 소비 경쟁에서 그 사람의 우월성을 인정하면, 자신의 열등을 인정하는 것이기 때문에, 좀처럼 과시소비를 하는 사람의 우월성을 인정하지 않는다. 마음속 깊은 신뢰와 존경은커녕, 시기와 혐오만 느낄 뿐이다. 과시소비로 타인의 인정을 받고 싶지만, 받지 못해 좌절한 사람은 더 많은 과시소비와 부를 향한 경쟁에 매달린다. 하지만 경쟁이 치열해질수록 단순한 우위의 욕망도 이루기가 더 어려워진다. 결국, 무한경쟁은 뒤처짐에 대한 불안과 타인의 인정을 받고자 하는 강박관념을 낳는다. 삶은 '쾌락의 쳇바퀴'에서 공허해지고 더 큰 절망에 빠진다.

타인의 신뢰, 사랑, 인정, 존경을 받는 건 경쟁을 통해서가 아니다. 자연생태계의 모든 존재는 생존을 위해 경쟁하면서도, 서로에게 도움을 주고, 조화롭게 화합하고 협동한다. 인간도 생존과 사회적 성공을 위하여 경쟁이 불가피한 면도 있다. 하지만 경쟁으로 타인의 존경과 자신의 행복을 끌어낼 수는 없다. 특히, 과시소비 경쟁은 그러하다. 반면 자신이 가진 것을 타인과 공유하고 사회 가치를 높이는 데 소비한다면 타인의 신뢰, 사랑, 인정, 존경을 받을 수 있다. 그런 소비가 타인뿐만 아니라, 나 자신 삶의 만족과 행복감을 높인다. 아리스토텔레스는 사물의 진가는 그것을 지닐 때보다 올바르게 사용할 때 발휘된다고 말한다. 데이비드 핼펀도 《국가의 숨겨진 부》에서 다음과 같이 말한다. "돈의 진정한 가치는, 그것을 잘 모으는 게 아니라 잘 쓸 때 생긴다. 행복의 원천은 돈이 아니라, 그것을 다루는 주체의 인격에 달려 있다. 돈을 제대로 이해하고 인간적 가치를 부여할 때, 돈은 행복을 위한 좋은 수단이 될 수 있다."

제러미 리프킨은《공감의 시대》에서 21세기 사회는 공감의 시대가 된다고 말한다. 생물학에서 거울신경세포의 발견과 인지과학의 증명으로, 다윈주의의 적자생존 대신에 공감이 인간을 이해하는 새로운 패러다임으로 떠오른다고 말한다. 인간은 다른 인간의 고통을 보면 같이 고통을 느끼는 공감의 신경계를 갖고 있다. '공감 능력'은 서로가 번창하고 성공하기를 바라는 인간 본능이라고 한다. 역사적으로도 인류는 공감 능력을 확장하는 방향으로 진화해 왔고, 인간 사회도 적대적 경쟁보다는 유대감이라는 고차원적 욕구를 성취하는 방향으로 발전해 왔다고 한다. 인본주의 심리학 연구에서도 인간에게는 기본적인 생리적 욕구 이외에 상호존중, 집단구성 등 고차원적 욕구가 있다고 한다. 마르크스 역시 자유를 공동체에서의 좋은 관계라는 면에서 정의한다. "모든 개인은 다른 사람과 관계 속에서, 비로소 자신의 소질을 모든 방향으로 온전히 발현시킬 수 있는 수단을 획득한다. 공동체 안에서 비로소 개인의 자유가 가능해진다." 공동체와 사회의 행복이 나의 행복에 영향을 미친다. 사회가 경쟁, 탐욕, 이기심, 투쟁 등으로 넘치기보다 공감*, 배려, 관용, 신뢰, 관심 등으로 넘칠 때 나 자신도 더 자유롭고 행복해진다. 가령 사회 치안이 좋아질수록, 나의 안전도 더 보장을 받는다. 심지어 이기적 활동으로 운영된다는 시장경제도, 밑바닥에 타인과 상호 신뢰와 공동체 가치가 없이는 유지될 수 없다. (화폐제도 자체가 타인과의 상호 신뢰에 기초한다) 아울러 나 자신이 자유롭고 행복할 때, 사회도 더 살기 좋은 곳이 된다. 미국 호프 대학 심리학자 데이비드 마이어스의 조사 결과에 따르면, 행복한 사람은 범죄를 덜 저지르고, 더 많은 돈을 기부하고, 자원봉사를 더 많이 하고, 낯선 사람을 더 잘

도와주고, 훌륭한 시민의 다른 덕목도 더 잘 보여 준다고 한다.

* 공감의 가치

미래에도 인공지능이나 로봇이 대체할 수 없는 인간만이 가진 것이 공감 능력이다. 특히, 소외와 외로움 및 스트레스가 극심한 소비사회에서, 인간을 움직이고 소통하고 만족시킬 수 있는 공감의 가치는 더욱 중요해진다. 인간관계뿐만 아니라 모든 산업에서도, 인간적 가치 즉 공감, 감성, 배려 등 가치가 더욱 중요해지고, 이와 관련된 일자리도 꾸준히 증가할 것으로 예상된다.

타인을 배려하고 사회 가치를 증가시키는 나의 소비가, 나와 사회의 행복을 같이 증가시킨다. 내가 올바르고 윤리적으로 소비하는 만큼, 내 삶도 그리고 사회도 더 좋게 바뀐다. 내가 어떤 대상을 구매할 때, 단순히 상품과 화폐만 교환되는 게 아니다. 상품과 화폐가 교환될 때 상징, 의미, 정보가 동시에 교환된다. 내가 사회 가치를 위한 윤리적 소비를 할수록 그 교환에는 배려, 진심, 신뢰, 사랑, 인정 등도 같이 교환된다. (가령 선행을 한 가게에 이른바 '돈쭐'을 한다는 소비가 그러하다) 이런 가치는 단순한 상품 소비보다 더 큰 만족과 행복을 내게 가져다준다. 아리스토텔레스는 좋은 삶이란 좋은 사회에서 사는 것이라고 말한다. 행복해지고 싶다면 자신이 속한 사회의 행복과 공동선을 도모해야 한다. 가족, 이웃, 친구, 사회가 행복하면 나도 더 행복해질 수 있다. 게다가 공동체와 타인에 대한 배려는 나의 일방적 희생을 의미하지 않는다. 관계는 상대성을 가지고 있어, 나의 타인에 대한 배려와 관심은 상대방의 배려와 호의를 끌어낸다. 울리히 벡은 자신 삶을 즐기는 방식과 타인에 대한 배려가 서로 배타적이지 않고, 상호 포괄적이며 서로를 강화하고 풍요롭게 만든다고 말한다.

행운과 행복의 차이

소비자가 선택하여 소비하는 대상은 '희소한' 자원이다. 희소하기 때문에 가치가 있고, 올바르게 소비할 필요가 생긴다. 그런데 소비에는 단순히 물건을 구매하여 소모하는 대상만 있는 게 아니다. 우리 삶 자체가 희소한 자원이다. 누구나 영원히 살 수가 없고, 하루에 24시간이라는 제한된 시간을 소비한다. 우리는 제한된 시간과 삶을 평생 소비한다. 우리의 한정되고 희소한 시간과 에너지, 건강, 공간, 관심, 열정, 사랑, 신뢰 등을 일상에서 모두 같이 소비한다. 그런데 우리에게 주어진 희소한 자원을 소비하는 데에는 기회비용이 따른다. 어느 날 저녁에 3시간의 자유 시간이 주어진다면, 우리는 쇼핑할 수도 있고, 산책할 수도 있고, 출세를 위하여 자발적으로 일할 수도 있고, 친구와 즐거운 식사를 같이할 수도 있고, 봉사활동을 할 수도 있다. 하지만 시간의 제한으로 우리는 모든 행위를 다 할 수는 없다. 그중 하나를 선택해야 하고, 선택되지 않는 다른 모든 행위가 기회비용이 된다. 이 측면에서 보면 본질적으로 인간이 평생 소비할 수 있는 총량은 불변이다. 결국, 제한된 우리 삶의 총량을 어떤 선택과 소비로 채울 것인가가, 우리 삶의 질과 행복을 결정한다.

우리가 물건을 구매하여 소비하는 행위는 다른 모든 행위가 대안으로 남아 있는, 우리 삶을 소비하는 방식의 일부에 지나지 않는다. 쇼핑을 하든, 산책을 하든, 그 행위가 모여 나의 삶을 이루고, 나의 삶이 행복한지 또는 가치 있는 삶인지를 결정한다. 가령 쇼핑 시간을 줄이고,

나 자신 삶을 풍요롭게 하는 다른 활동을 더 하여 더 행복해질 수 있다. 돈을 덜 벌고 과소비를 줄이면, 나 자신이 자유롭고 행복할 수 있는 시간은 더 늘어날 수도 있다. 이처럼 인간은 제한된 삶을 어떤 방식으로든, 스스로 선택적으로 소비하며 행복을 추구할 수 있다는 측면에서 모두 평등하다. 그런데 소비사회에서는 부와 소비의 경쟁이 우리 삶을 지배하면서, 우리는 쉽게 찾을 수 있는 다른 더 행복하고 가치 있는 활동을 하기가 어렵게 되었다. 마치 주변에서 쉽게 찾을 수 있는 '행복'이 꽃말이 세 잎 클로버를 짓밟고, '행운'이 꽃말인 네 잎 클로버만 힘들게 찾아다니는 것과 같다. 소비사회는 경쟁에서 승리의 중요성과, 이에 따르는 풍족한 소비의 즐거움을 과장하여 우리에게 주입한다. 일벌레처럼 매일 힘겹게 돈을 벌면, 미래에 즐겁고 화려한 생활을 할 수 있다는 환상이다. 하지만 실제 경쟁에서 승리와 물질적 소비는 우리가 기대한 만큼 행복과 만족을 가져다주지 않는다. 소비사회의 온갖 병리현상과 타인의 질투와 삶의 공허함만 남을 뿐이다. 그런 것보다 타인의 따뜻한 말 한마디, 사소한 배려, 마음에서 우러난 선물, 나의 이야기를 관심 있게 들어주는 친구, 나의 도움을 고마워하는 상대방, 숲속에서 산책하는 시간 등에서 우리는 삶의 만족과 행복을 더 느낄 수 있다. 이런 만족과 행복은 물질적 성공이나 과시소비로는 얻어질 수 없다.

우리가 물질적 성공과 과시소비에 몰두하기보다는, 나의 진정한 만족과 행복을 위한 활동에 더 집중한다면, 우리는 훨씬 더 건강하고 행복한 삶을 살 수 있다. 그래서 물질적 소비중독에서 벗어나, 폭넓은 나 자신의 가치 있는 삶을 찾아볼 필요가 있다. 그것이 소확행처럼 나 자신의 만족을 위한 사소한 소비이든, 텃밭을 일구는 것이든, 문화예술

소비사회

활동이든, 가족이나 친구와 즐거운 교류 시간이든, 어려운 사람을 돕는 봉사활동이든, 그런 활동이 나의 삶에 더 많은 만족과 행복을 가져다준다. 심리학 교수 팀 케이서는 조사를 통해, 삶의 일차적 동기가 '돈, 이미지, 명성'인 학생이나 사회 초년생은, 그런 가치에 그다지 관심을 쏟지 않는 사람보다 우울증이 심하고 질병도 많다는 사실을 밝혀냈다. 그는 물질적 가치가 생활의 중심이 될수록, 삶의 질은 낮아진다고 말한다.

소비중독과 경쟁에서 벗어나기 위해서는 탐욕을 줄이고 자족할 수 있어야 한다. 자족할 수 없다면, 그 어디에도 행복은 없다. 얼마큼 부를 가지든 상관없이, 끊임없는 경쟁의식과 탐욕은 자족할 수 없게 만든다. 끊임없이 더 많은 욕심과 불만족을 만들어 내기 때문이다. 나와 너, 모두를 만족할 수 없게 만든다. 따라서 우리는 평생 추구해도 충족될 수 없는 욕망을 좇기보다는, 내가 가진 것에 만족하고 즐길 수 있는 삶의 방식을 배워야 한다. 경쟁에서 패배하거나 목표 달성에 실패하여도 좌절할 필요가 없다. 요즘 사업 실패나 과다한 부채로 극단적 선택을 하는 이들이 적지 않다. 물질적 성공과 도시의 삶이 세상의 전부는 아니다. 가령 더 이상 갚을 수 없는 과다한 부채가 있는 경우, 법원에 파산 신청하고 빈 몸으로 시골로 내려가도, 풍족한 생활은 아니어도 충분히 행복한 생활을 다시 시작할 수 있다. (빈곤하지만 행복한 시골 생활을 알기 원한다면, 공지영 작가의 《지리산 행복학교》 책을 읽어 보기를 추천한다) 노벨 경제학상을 수상한 폴 사무엘슨은 '행복 = 소유/욕망'이라는 공식으로 경제학적 행복을 정의했다. 행복을 좌우하는 두 가지 요소가 소유와 욕망인데, 욕망이 정해져 있으면 소유가 커질수록 행복해진다. 하지만 일반적으로 더 많이 소유할수록 욕망도 더 커지기 때문에, 더 많은 소유로 행복해질 수 없다. 반대로 소유가 정해져 있다면, 욕망을 줄일수록 더 행복해진다. 욕심을 줄이면 지금 가진 것만으로도 더 행복해질 수 있다. 가령 컵에 물이 반밖에 남아 있지 않다고 부족함과 불안을 느낄 수도 있지만, 아직 반이나 남아 있다고 여유와 행복을 느낄 수도 있다. 자신이 건강하다는 사실에 (또는 아직 살아 숨 쉬고 있다는 사실에) 행복을 찾고, 자신의 사소한 일상과 주변 작은 것에서도 기쁨을 발견할 수 있다. 허름한 전통 시장에서 빈대떡과 막걸리를 사이에 두고 친구와 행복한 시간을 보낼 수도 있고, 산책 길의 작은 들꽃에서 삶의 위안과 예술적 감흥을 만끽할 수도 있다. 부와 명예의 소유는 평등해질 수 없으나, 행복은 누구나 평등하게 나누어 가질 수 있다. 왜냐하면 행복은 소유물에 존재하기보다는, 사람 마음에 존재하기 때문이다. 마음속 행복은 타인 허락도 필요치 않으며, 누구도 빼앗아 갈 수 없고 또한 타인의 것을 빼앗아 올 필요도 없다. 중국 당나라 때 임제 스님은 '즉시현금(卽是現今) 갱무시절(更無時節)'이라는 말을 하였다. '바로 지금, 여기일 뿐 다른 더 좋은 시절은 없다'는 뜻이다. 물론 나와 가족을 위하여 열심히 일할 필요도 있다. 다만, 그 결과에 만족하면 된다. 미래의 나은 삶을 위하여 노력할 필요도 있지만, 그렇다고 지금 행복하지 않아도 된다는 건 아니다. 미래에만 오로지 저당 잡히지 않고, 지금 행복해져야 한다. 지금 행복하지 않으면, 미래에도 행복할 수 없다. 지금 부모가 행복하지 않다면, 자녀들도 행복할 수 없다. 우리는 지금 가진 것만으로도 충분히 행복해질 수 있다. 남과 비교하지 말고, 현재 가진 것에 감사해야 한다. 남에게 보이는 모습보다, 자신이 진정으로 행복할 수 있는 삶에 충실할 때, 우리는 행복하고 현명한 내 삶의 주인이 될 수 있다.

　19세기 미국 생태철학자이자 작가인 헨리 데이빗 소로우의 아래 말은 우리에게 행복하고 가치 있는 삶에 대한 많은 영감을 준다. 그는 남들에게 보여 주기 위한 걱정을 하지 않으면, 아주 작은 비용으로도 생계를 유지할 수 있다는 사실을 보여 주려고, 산속 호숫가에 작은 오두막을 짓고 2년간 홀로 살았다. 직접 지은 오두막에서 최소한의 비용으로 살아간 그의 경험을 기술한 《월든》은 세계적 명저가 되었다. 그의 목표는 외적으로는 평범하고 검소하지만, 내적으로는 풍요로운 삶을 사는 것이었다.

　　"대부분의 사치품은 필요 불가결한 물품이 아닐 뿐 아니라 인류의 향상에 장애가 된다."
　　"사람은 없어도 살 수 있는 대상이 많아질수록 행복해진다."
　　"영혼에 필요한 것을 얻는 데 돈은 필요하지 않다."
　　"가장 싼 것에서 즐거움을 느끼는 사람이 가장 부자다."
　　"내가 숲으로 간 까닭은 의식적 삶을 살고 싶었기 때문이고, 오로지 삶의 본질적인 것들만 대하고 싶었기 때문이며, 그것들이 가르치는 의미를 배울 수 있는가를 살펴보고, 죽을 때가 되었을 때 삶을 헛되이 보낸 사실을 발견하고 싶지 않아서였다. 나는 삶이 아닌 삶을 살고 싶지 않았고, 정말로 고귀한 삶이므로 진짜 필요한 게 아니라면 하고 싶지 않았다. 나는 삶의 정수를 들이마시며, 그 깊숙이에서 살고 싶었고, 총체적 인생의 의미를 깨닫고, 그것을 널리 세상에 알리고 싶었다."

- 헨리 데이빗 소로우의《월든》에서

"최소한의 의식주를 해결할 능력이 있고, 여가를 위한 약간의 여유 자금만 있다면 소득이 조금 줄어든다고 해서, 오늘날 소비자처럼 호들갑스럽게 반응할 이유가 없다. 그저 원하는 물품을 조금 늦춰서 사면 된다. 게다가 사람들이 거의 고려하지 않는 두 번째 방법도 있다. 사치품과 더 높은 생활 수준을 향한 욕심을 줄이면 된다. 이렇게 되면 사람들이 수입을 늘리기 위해 들이는 시간과 노력이 저절로 감소할 것이다. 많은 사람은 물질세계에 대한 환멸이 생각보다 넓게 사회에 퍼져 있으며, 이 때문에 머지않아 진정한 혁명이 일어날 것이라고 말한다."

- 로버트 테오발드

사라진 에덴동산

콜럼버스가 아메리카 대륙에 처음 도착한 곳은 카리브해 섬이었다. 이 섬에는 '타이노'라는 원주민이 살고 있었다. 당시 콜럼버스 일행의 기록에 따르면, 어쩌면 에덴동산으로 돌아온 게 아닌가 하는 인상을 받았다고 한다. 타이노족은 아름다운 자연에서 자유롭게 살고 있었다. 무엇보다 그들은 물건을 별로 지니지 않았다. 그들은 농경을 하였지만, 여러 가지 종류의 작물을 동시에 심어, 관리하거나 손댈 필요가 거의 없었다. 밭에서는 일주일에 몇 시간밖에 일하지 않았다. 물고기가 먹고

소비사회

싶으면 바다로 들어가서 곧장 얻었을 수 있었다. 그들은 대부분의 시간을 쉬거나 노래를 하고 춤을 추면서 보냈다. 또한 머리 장식이나 목걸이 등 다양한 장식물을 만드는 데 시간을 보냈다. 유럽인을 깜짝 놀라게 한 건 그들 성행위였는데, 그들은 연인이 한 몸이 되어 온갖 행위를 하면서도, 그것을 별로 숨기지도 않았고, 그 시간도 꽤 많았다. 하지만 스페인 군인들이 그들을 총칼로 위협하여 농장 노예로 만들자, 그들은 병으로 죽거나 앉아서 죽을 때까지 움직이지 않았다고 한다. 그래서 타이노족은 백 년 사이에 전멸하였다. 지금은 단 한 사람도 남아 있지 않다고 한다.

꽃, 꽃들

그 들녘
무명의 꽃, 꽃들
이름 없어 스러지랴

너와 나
뒷골목 선술집에
마주할 때
세상의 이름 필요한가

내 안의
너이면 넉넉한데
너 안의
꽃이면 고운데

– 이종희 시집《슬픔의 사계》에서

소비사회

참고문헌

제1장 소비사회 비극

강신주, 《상처받지 않을 권리》, 프로네시스, 2010.

권영택, 《지젝이 본 후기산업사회 잉여 쾌락의 시대》, 문예출판사, 2003.

게오르그 짐멜, 《짐멜의 모더니티 읽기》, 김덕영·윤미애 옮김, 새물결, 2005.

김민주, 《세상을 소비하는 인간, 호모 콘수무스》, 교보문고, 2008.

데이나 토마스, 《럭셔리-그 유혹과 사치의 비밀》, 이순주 옮김, 문학수첩, 2008.

로버트 라이시, 《부유한 노예》, 오성호 옮김, 김영사, 2001.

리처드 니스벳, 《생각의 지도》, 최인철 옮김, 김영사, 2004.

미셸 푸코, 《광기의 역사》, 김부용 옮김, 인간사랑, 1991.

_____, 《감시와 처벌》, 오생근 옮김, 나남, 2003.

_____, 《헤테로토피아》, 이상길 옮김, 문학과지성사, 2014.

양운덕, 《미셸 푸코》, 살림지식총서, 2003.

우치다 타츠루, 《푸코, 바르트, 레비스트로스, 라캉 쉽게 읽기》, 이경덕 옮김, 갈라파고스, 2010.

이종하, 《아도르노-고통의 해석학》, 살림, 2007.

임지현 외, 《지그문트 바우만을 읽는 시간》, 북바이북, 2017.

임채광, 《마르쿠제의 '일차원적 인간' 읽기》, 세창미디어, 2015.

소스타인 베블런, 《유한 계급론》, 김성균 옮김, 우물이있는집, 2005.

셰리 터클, 《외로워지는 사람들》, 이은주 옮김, 청림출판, 2012.

스베냐 플라스푈러, 《우리의 노동은 왜 우울한가》, 장혜경 옮김, 로도스출판사, 2013.

슬라보예 지젝, 《임박한 파국》, 이택광 기획, 꾸리에, 2012.

_____, 《불가능한 것의 가능성》, 인디고연구소 기획, 궁리출판, 2012.

장 보드리야르, 《소비의 사회》, 이상률 옮김, 문예출판사, 1991.

조로조 아감벤, 《호모 사케르》, 박진우 옮김, 새물결, 2008.

조르주 바타이유, 《저주의 몫, 에로티시즘》, 유기환 지음, 살림출판사, 2006.

조지 오웰, 《1984》, 정회성 옮김, 민음사, 2003.

지그문트 바우만, 《쓰레기가 되는 삶들》, 정일준 옮김, 새물결, 2008.

_____, 《모두스 비벤디》, 한상석 옮김, 후마니타스, 2010.

_____, 《고독을 잃어버린 시간》, 조은평·강지은 옮김, 도서출판 동녘, 2012.

_____, 《리퀴드 러브》, 권태우·조형준 옮김, 새물결출판사, 2013.

_____, 《유행의 시대》, 윤태준 옮김, 오월의봄, 2013.

_____, 《빌려온 시간을 살아가기》, 조형준 옮김, 새물결, 2014.

_____, 《희망, 살아 있는 자의 의무》, 인디고연구소 기획, 궁리출판, 2014.

_____, 《도덕적 불감증》, 최호영 옮김, 책읽는수요일, 2015.

_____, 《소비사회와 교육을 말한다》, 나현영 옮김, 현암사, 2016.

_____, 《왜 우리는 계속 가난한가》, 안규남 옮김, 동녘, 2019.

최태섭, 《잉여사회》, 웅진지식하우스, 2013.

클라우스 베를레, 《완벽주의의 함정》, 박규호 옮김, 소담출판사, 2012.

피에르 부르디외·장 클로드 파세롱, 《텔레비전에 대하여》, 현택수 옮김, 동문선, 1998.

_____, 《재생산》, 이상호 옮김, 동문선, 2000.

한병철, 《피로사회》, 김태환 옮김, 문학과지성사, 2012.

_____, 《투명사회》, 김태환 옮김, 문학과지성사, 2014.

_____, 《심리정치》, 김태환 옮김, 문학과지성사, 2015.

_____, 《타자의 추방》, 이재영 옮김, 문학과지성사, 2017.

홍성민, 《피에르 부르디외와 한국사회》, 살림지식총서, 2004.

제2장 시장실패

그레그 이스터브룩, 《진보의 역설》, 박정숙 옮김, 에코리브르, 2007.

김훈민·박정호, 《경제학자의 인문학 서재》, 한빛비즈, 2012.

도넬라 H. 메도즈 외, 《성장의 한계》, 김병순 옮김, 갈라파고스, 2012.

마우리치오 라자라토, 《부채인간》, 허경·양진성 옮김, 메디치미디어, 2012.

막스 베버, 《프로테스탄티즘의 윤리와 자본주의 정신》, 김덕영 옮김, 길, 2010.

베르나르 마리스, 《케인스는 왜 프로이트를 숭배했을까?》, 조홍식 옮김, 창비, 2009.

설혜심, 《소비의 역사》, 휴머니스트, 2017.

앙드레 콩트 스퐁빌, 《자본주의는 윤리적인가?》, 이현웅 옮김, 생각의나무, 2010.

오르테가 이 가세트, 《대중의 반역》, 황보영조 옮김, 역사비평사, 2005.

유발 하라리, 《사피엔스》, 조현욱 옮김, 김영사, 2015.

이준구・이창용, 《경제학원론》, 문우사, 2020.

에바 일루즈, 《감정 자본주의》, 김정아 옮김, 돌베개, 2010.

이탈로 칼비노, 《보이지 않는 도시들》, 이현경 옮김, 민음사, 2007.

제임스 트위첼, 《욕망, 광고, 소비의 문화사》, 김철호 옮김, 청년사, 2001.

토마스 피케티, 《21세기 자본》, 장경덕 외 옮김, 글항아리, 2015.

C. 더글러스 러미스, 《경제성장이 안되면 우리는 풍요롭지 못할 건인가》, 김종철・최성현 옮김, 녹색평론사, 2002.

제3장 소비자 혁명

가라타니 고진, 《세계사의 구조》, 조영일 옮김, 도서출판B, 2012.

_____, 《가능성의 중심》, 인디고연구소 기획, 궁리출판, 2015.

강준만, 《쇼핑은 투표보다 중요하다》, 인물과사상사, 2020.

게세코 폰 뤼프케, 《두려움 없는 미래》, 박승억・박병화 옮김, 프로네시스, 2010.

김난도 외, 《트렌드 코리아 2019》, 미래의창, 2018.

_____, 《트렌드 코리아 2020》, 미래의창, 2019.

_____, 《트렌드 코리아 2021》 미래의창, 2020.

김용섭, 《라이프 트렌드 2020-느슨한 연대》, 부키, 2019.

다비트 보스하르트, 《소비의 미래》, 박종대 옮김, 생각의 나무, 2001.

_____, 《최강 소비 권력, Z세대가 온다》, 임가영 옮김, 홍익출판사, 2018.

대학내일20대연구소, 《밀레니얼-Z세대 트렌드 2020》, 위즈덤하우스, 2019.

_____, 《밀레니얼-Z세대 트렌드 2021》, 위즈덤하우스, 2020.

데이비드 브룩스, 《보보스》, 형선호 옮김, 동방미디어, 2001.

데이비드 핼펀, 《국가의 숨겨진 부》, 제현주 옮김, 2012.

라울 바네겜, 《일상생활의 혁명》, 주형일 옮김, 시울, 2006.

로렌스 W. 리드, 《왜 결정은 국가가 하는데 가난은 나의 몫인가》, 전현주 옮김, 지식발전소, 2019.

로제 카이와, 《놀이와 인간》, 이상률 옮김, 문예출판사, 1994.

마이클 샌델, 《돈으로 살 수 없는 것들》, 안기순 옮김, 미래엔, 2012.

마크로밀 엠브레인, 《2020 트렌드 모니터》, 시크릿하우스, 2019.

_____, 《2021 트렌드 모니터》, 시크릿하우스, 2020.

마티아스 호르크스, 《위대한 미래》, 이수연 옮김, 한국경제신문, 2010.

마틴 레이먼드, 《미래의 소비자들》, 박정숙 옮김, 에코비즈, 2006.

맹한승, 《행복을 찾아가는 나만의 삶, 웰빙》, 행복한마음, 2004.

박지희 · 김유진, 《윤리적 소비》, 메디치, 2010.

박호성, 《자연의 인간, 인간의 자연》, 후마니타스, 2012.

박홍규, 《아나키즘 이야기》, 이학사, 2004.

신승철, 《펠릭스 가타리의 생태철학》, 그물코, 2011.

_____, 《욕망 자본론》, 알렙, 2014.

시오미 나오키, 《반농반X의 삶》, 노경아 옮김, 더숲, 2015.

안토니오 네그리 · 마이클 하트, 《어셈블리 Assembly》, 이승준 · 정유진 옮김, 알렙, 2020.

앤드류 포터, 《진정성이라는 거짓말》, 노시내 옮김, 마티, 2016.

앤서니 기든스, 《제3의 길》, 한상진 · 박찬욱 옮김, 생각의 나무, 2000.

앨빈 토플러, 《불황을 넘어서》, 김원호 옮김, 청림출판, 2009.

야마다 마사히로 · 소데카와 요시유키, 《더 많이 소비하면, 우리는 행복할까?》, 홍성민 옮김, 뜨인돌, 2011.

왕꾸어똥, 《장자 평전》, 신주리 옮김, 미다스북스, 2005.

윤수종, 《네그리 하트의 "제국", "다중", "공동체" 읽기》, 세창미디어, 2014.

울리히 벡, 《지구화의 길》, 조만영 옮김, 거름, 2000.

_____, 《적이 사라진 민주주의》, 정일준 옮김, 새물결, 2000.

유병선, 《보노보 혁명》, 도서출판 부키, 2007.

이반 일리치 · 데이비드 케일리, 《이반 일리치와의 나눈 대화》, 권루시안 옮김, 물레, 2010.

이선옥, 《단단한 개인》, 필라소픽, 2020.

이진경, 《자본을 넘어선 자본》, 도서출판 그린비, 2004.

이타마르 시몬스 · 엠마뉴엘 로젠, 《절대가치》, 고영태 옮김, 청림출판, 2015.

자크 아탈리, 《자크 아탈리의 인간적인 길》, 주세열 옮김, 에디터, 2005.

_____, 《더 나은 미래》, 양진성 옮김, 청림출판, 2011.

제러미 리프킨, 《소유의 종말》, 이희재 옮김, 민음사, 2001.

_____, 《노동의 종말》, 이영호 옮김, 민음사, 2005.

_____, 《유러피언 드림》, 이원기 옮김, 민음사, 2005.

_____, 《공감의 시대》, 이경남 옮김, 민음사, 2010.

제임스 챔피, 《착한 소비자의 탄생》, 박슬라 옮김, 21세기북스, 2009.

줄리 포인터 애덤스, 《와비사비 라이프》, 박여진 옮김, 월북, 2017.

최인수 외, 《2019 대한민국 트렌드》, 한국경제신문, 2018.

최장순, 《의미의 발견》, 틈새책방, 2020.

칼 폴라니, 《전 세계적 자본주의인가 지역적 계획경제인가》, 홍기빈 옮김, 책세상, 2002.

클라우스 슈밥, 《제4차 산업혁명》, 송경진 옮김, 새로운현재, 2016.

키스 브라운, 《공정무역이란 무엇인가》, 이은숙 옮김, 김영사, 2013.

토니 주트, 《더 나은 삶을 상상하라》, 김일년 옮김, 플래닛, 2011.

토마스 모어, 《유토피아》, 위평량 지음, 두리미디어, 2012.

토머스 데이븐포트·존 벡, 《관심의 경제학》, 김병조·권기환·이동현 옮김, 21세기북스, 2006.

토머스 L. 프리드먼, 《세계는 평평하다》, 김상철·이윤섭·최정임 옮김, 도서출판 창해, 2006.

펠릭스 가타리, 《미시정치》, 윤수종 옮김, 도서출판B, 2010.

피코 아이어, 《여행하지 않을 자유-우리가 잃어버린 고요함을 찾아서》, 이경아 옮김, 문화동네, 2017.

헨리 데이빗 소로우, 《월든》, 강승영 옮김, 은행나무, 2011.

헬레나 노르베리 호지, 《행복의 경제학》, 김영욱·홍승아 옮김, 중앙북스, 2012.

헬렌 니어링·스콧 니어링, 《조화로운 삶의 지속》, 윤구병·이수영 옮김, 도서출판 보리, 2002.

홍성욱, 《파놉티콘-정보사회 정보감옥》, 책세상, 2002.

홍찬숙, 《울리히 벡 읽기》, 세창미디어, 2016.

E. F. 슈마허 외, 《자발적 가난》, 이덕임 옮김, 그물코, 2003.

소비사회

© 이종희, 2022

초판 1쇄 발행 2022년 12월 8일

지은이   이종희
펴낸이   이기봉
편집   좋은땅 편집팀
펴낸곳   도서출판 좋은땅
주소   서울특별시 마포구 양화로12길 26 지월드빌딩 (서교동 395-7)
전화   02)374-8616~7
팩스   02)374-8614
이메일   gworldbook@naver.com
홈페이지 www.g-world.co.kr

ISBN   979-11-388-1478-2 (03330)